PHILOSOPHIE
DE LA REVOLUTION
ET DE LA RENAISSANCE
MONDIALES

PHILOSOPHIE DE LA REVOLUTION ET DE LA RENAISSANCE MONDIALES

Dr. François Adja Assemien

ISBN: 978-1-962313-65-0   (Paperback Edition)
ISBN: 978-1-962313-66-7   (Hardcover Edition)
ISBN: 978-1-962313-64-3   (E-book Edition)

Book Ordering Information

The Regency Publishers, US
521 5th Ave 17th floor NY, NY10175
Phone Number: (315)537-3088 ext 1007
Email: info@theregencypublishers.com
www.theregencypublishers.com

Printed in the United States of America

Sommaire

Du Même Auteur

Les Rebelles Africains, roman, Edilivre 2016
Les Règles d'or du bonheur, du succès, de la santé et du salut personnels, essai, Edilivre, 2016
Introduction à la philocure, essai, Edilivre, 2016
L'Afrique interdite, roman, Edilivre, 2016
Le Monde ne vaut rien, essai, Edilivre, 2016
La Côte d'Ivoire a mal, essai, Edilivre, 2018
Président Donald Trump et les Africains, essai, Edilivre, 2020
L'Art de vivre en Amérique, guide, Edilivre, 2019
Education morale et spirituelle, manuel, Edilivre, 2016
La Conscience Africaine, essai, Edilivre, 2016
Thomas Sankara comme Thomas More et Socrate, essai, Ouagadoudou, 2020
Ahikaba, roman, Mary Bro Foundation Publishing, London, 2018
Code électoral, roman, Black Stars, 1995
Portrait du bon et du mauvais électeur, du bon et du mauvais candidat, essai, Black Stars, 2000
La Côte d'Ivoire et ses étrangers, essai, Black Stars, 2002
Le Guide africain de philosophie, de sciences humaines et d'humanisme, Abidjan, 1985
L'Afrocratisme contre le nouvel ordre mondial, essai, The Regency Publishers, 2023

Corona virus, essay, Global Summit House, 2000

Let's save humanity and life, essay, Global Summit House, 2021

La Philosophie de l'esprit africain, essai, L'Harmattan, 2021

La Puissance des femmes américaines, essai, Gold Touch Press, 2021

Philosophy about life, essay, Global Summit House, 2021

America is paradise, essay, Author's Note 360, 2021

The current slavery in Africa, essay, Global Summit House, 2020

La Volonté de bonheur, essai, The Regency Publishers, 2022

Le Mali de Assimi Goïta et la révolution africaine, essai, Great Writers Media, 2022

La Philosophie du développement personnel, essai, The Regency Publishers, 2023

La Philosophie de la faiblesse et de la folie, essai, The Regency Publishers, 2023

L'homme supérieur et l'homme inférieur, essai, The Regency Publishers, 2023

La Philosophie et l'homme supérieur, essai, The Regency Publishers, 2023

La Philosophie de l'amour, essai, The Regency Publishers, 2023

Le Destin du Mali avec Assimi Goïta, essai, The Regency Publishers, 2023

Président Ibrahim Traoré et la destinée de son peuple, essai, 2023

La Philosophie de la puissance américaine, essai, The Regency Publishers, 2022

Philosophy about American power and greatness, essay, The Regency Publishers, 2022.

Introduction

Ce livre contient notre réflexion critique sur le monde. C'est notre analyse de l'histoire, de la vie et des actions de l'humanité à partir de quatre concepts clefs : la philosophie, la révolution, la renaissance, le monde. La philosophie est ici un instrument privilégié de la connaissance ou un moyen qui permet de comprendre, de saisir la dialectique et le fonctionnement des drames et des tragédies historiques. Quant à la révolution, c'est un concept polémique traduisant la dynamique historique, somme des conflits, des violences et des contradictions de l'humanité. La révolution est le modus vivendi de nombreux pays au monde. Elle caractérise des pays comme la France, l'URSS, la Chine, le Burkina Faso, la Libye, le Benin, la Guinée Conakry, le Mali, la Corée du Nord, le Vietnam, Cuba, le Venezuela, les USA, Haïti etc. La révolution est le combat populaire en vue de la rupture avec un ordre injuste, incorrect, mauvais. C'est la lutte collective qui abolit un système socio-politique nuisible, indésirable. C'est un combat populaire pour le progrès de la société globale et pour une meilleure qualité de vie ou la meilleure condition de tous et de chacun. La révolution consiste dans la lutte d'un peuple pour son bien, son bonheur, sa liberté, sa sécurité, sa paix, la justice etc. La révolution conduit donc à la renaissance d'un peuple, d'une société, d'une nation.

Le passage de la société capitaliste à la société communiste est une révolution. Le passage de la monarchie absolue de droit divin à la république (en France) est une révolution. La lutte des colonies européennes dans le monde entier pour leur indépendance, leur auto-détermination, est une révolution. Si l'on sait la nature de la révolution, quelles sont ses causes générales ? Nous parlons ici des révolutions socio-politiques à travers le monde et l'histoire. Leurs causes se résument en un concept : le mal. Celui-ci comprend tous les comportements humains et sociaux désastreux comme injustice, méchanceté, cruauté, frustration, domination, oppression, exploitation, chosification des hommes et des peuples par d'autres hommes et d'autres peuples. Cela constitue le non-respect du droit, de la morale et de la civilisation ascétiques. Pourquoi ? Parce que ces vices provoquent la colère, l'indignation, la réaction violente de leurs victimes, c'est-à-dire les esclaves, les colonisés, les prolétaires etc. Les victimes des méchants peuvent revendiquer, par exemple, le droit à la liberté, à la justice, à la paix, à la sécurité, au bien-être, au bonheur, à la prospérité, à légalité, à la dignité, à la vie etc.

Les revendications procèdent généralement par la lutte violente visant à punir et à corriger les bourreaux et à établir un ordre juste, égalitaire, normal, légitime en faveur de tous. Cela aboutit à la création d'une société idéale ou meilleure. Dans la révolution mondiale, qui lutte pour renverser qui et pour supprimer quoi ? Quel est l'idéal sociétal et civilisationnel recherché ? Comment le monde actuel est-il organisé et géré ? Comment fonctionne-t-il ? A qui profite-t-il ? L'histoire nous présente la société humaine comme la jungle. L'humanité est comparable à la faune composée de plusieurs sortes d'animaux dont les uns sont féroces, carnassiers, gros, puissants et les autres sont inoffensifs, petits, faibles, herbivores. Les puissants carnassiers comme les lions tuent et dévorent les petits et les faibles animaux comme les biches. L'humanité est organisée en tribus, en pays, en villages, en clans, en familles, en ethnies, sur les cinq continents que sont l'Afrique, l'Europe, l'Amérique, l'Asie et l'Océanie. Entre ces différentes entités, il n'y a pas de paix, de sécurité, d'harmonie, de solidarité réelles et durables. Il n'y a pas d'égalité, de justice, de fraternité, d'amitié (Thomas Hobbes in Léviathan). Il y a plutôt la lutte, la guerre d'intérêt, la violence prédatrice, impérialiste, colonialiste, rapport de force. Les peuples puissants règnent sur les peuples faibles. Ils les exploitent, les oppriment, les envahissent. Ils les esclavagisent, les colonisent, les massacrent militairement, économiquement, idéologiquement, culturellement. Ils ont divisé la terre en plusieurs zones : le Nord (les pays puissants, dominants), le Sud (les pays dominés, faibles, le tiers-monde). Tout cela traduit un rapport de force très dangereux, la rivalité et la concurrence meurtrière.

C'est la jungle humaine dans laquelle nous vivons à travers le mensonge, l'hypocrisie, l'illusion. Les Européens ont divisé le continent africain en 54 colonies qu'ils contrôlent, exploitent, pillent cyniquement, allègrement. C'est toujours la loi de la jungle ou du plus fort qui règne sur l'humanité. Les dirigeants européens sont les bourreaux des Africains dans la jungle. Les Africains sont les principales victimes de la loi de la jungle. Ils sont les plus grands perdants. Ils ont raison de se plaindre. Ils ont le devoir de se révolter. Ils sont absolument tout faits pour soutenir la révolution mondiale. Ils doivent tuer leur peur, leur lâcheté, leur corruptibilité, leur idiotie qui favorisent leur soumission à leurs bourreaux, leur aliénation, leur pillage, leur esclavagisation et leur colonisation éternelles par l'Occident et l'Orient. S'agissant des Occidentaux, il faut noter qu'ils sont habitués à vivre sous le mode de la violence, des conflits armés, de l'arbitraire, de l'injustice, de la prédation, de la barbarie, de la sauvagerie. Ce sont des destructeurs, des génocidaires, des pillards, des voleurs, des bandits, des brigands. Ils se font du mal entre eux et sont très nuisibles à eux-mêmes. Leurs élites et leurs dirigeants sont très belliqueux et très méchants envers leurs peuples. Ils les maltraitent, les massacrent et les sacrifient allègrement, d'où les révoltes et les révolutions répétitives qui jalonnent l'histoire européenne, occidentale. Ainsi les guerres mondiales, la guerre de cent ans, le nazisme hitlérien, l'holocauste etc.

Les dirigeants occidentaux fabriquent toutes sortes d'armes de destruction massive contre l'humanité. Ils sont les ennemis du droit, de la civilisation et de la morale ascétiques. Une poignée d'Occidentaux gouverne discrètement la terre entière d'une manière criminelle, barbare, mafieuse, cynique, démoniaque. Ce sont les oligarques, les ploutocrates qui pratiquent le satanisme, la franc-maçonnerie, les crimes et les vices sexuels les plus abominables (pédophilie, homosexualité, LGBT, eugénisme, transhumanisme). Ils imposent ces vices à toute l'humanité qu'ils contrôlent. Tous les malheurs du monde leur sont imputables. Cela est dû à leurs malfaisances. C'est de leurs faits. Ils créent des virus, des maladies, des pandémies (covid-19, corona virus, Ebola, SIDA, paludisme…). Ils provoquent le réchauffement climatique, des séismes, des tsunamis, le bioterrorisme, des vaccins et des médicaments mortifères et stérilisants. Ils se sont donné le droit de vie et de mort sur l'humanité entière. Ils ont décidé tout d'ego de réduire la population de la terre de 80% par tous les moyens (guerres, assassinats, poisons, calamités, terrorisme bactériologique). Les plus célèbres parmi ces méchants sont Bill Gates, Morgan, Rockefeller, Rothschild, Jacques Attali, George Soros, Klaus Schwab, la famille royale britannique, Emmanuel Macron… Ils emploient, corrompent, manipulent, dominent la plupart des Présidents, des dirigeants, des responsables des institutions, des organisations nationales et internationales. C'est contre leurs influences nocives et criminelles que luttent les dirigeants patriotes, nationalistes, vertueux et révolutionnaires du monde (Russie, Chine, Cuba, Venezuela, Corée du Nord…). Cette lutte favorise et accélère la révolution mondiale comme acte de civilisation, de moralisation et d'humanisation visant à créer un monde vertueux, salutaire, multipolaire. C'est le combat général de la libération de tous les peuples dominés, opprimés, esclavagisés, colonisés. La révolution mondiale en cours vise à mettre fin à la domination économique, monétaire, financière, géopolitique, géostratégique et culturelle des oligarques occidentaux sur l'humanité. Ce qui est recherché par les victimes du monde unipolaire créé et géré par les oligarques pédo-satanistes est la liberté, l'égalité, la prospérité, la paix, la sécurité, le bonheur et le salut de tous les peuples du monde. La révolution mondiale vient à point nommé pour sauver notre planète, l'humanité, la civilisation, la morale, le droit et l'harmonie cosmique.

Première Partie

LES CAUSES DE LA REVOLUTION ET DE LA RENAISSANCE MONDIALES

1

L'injustice Dans Le Monde

Qu'est-ce que l'injustice dans le monde ? L'injustice est le manque de justice. L'injustice consiste à violer les lois, les normes, les règles du bien qui maintiennent l'ordre naturel, cosmique, sociétal, la vie, le monde, l'humanité, toutes les choses et tous les êtres dans l'équilibre, la paix, la sécurité et l'harmonie. Le monde, l'humanité et la vie sont rigoureusement déterminés par des rapports ou principes constants et nécessaires appelés lois. Leur violation entraîne des conséquences graves comme désordre, déséquilibre, dysharmonie, insécurité, danger, malheur, souffrance. Cela se produit lorsque nous détruisons la faune, la flore, polluons l'air, l'atmosphère, les eaux, la terre, perçons la couche d'ozone qui nous protège des rayons solaires. La civilisation technicienne, scientifique, industrielle est contre la vie, la nature et le cosmos. L'homme technocrate se veut maître et possesseur de la nature (René Descartes). Ainsi l'élite scientifique et technicienne mondiale a opéré la révolution mondiale technocratique (progrès chimique, physique, biologique, génétique, informatique, astronomique). Mais la révolution mondiale dont il est ici question est surtout d'ordre socio-politique.

C'est l'action violente que déclenchent les peuples mal gouvernés, opprimés, esclavagisés, colonisés. Par exemple, les révolutions soviétique, française, chinoise, coréenne, cubaine, vénézuélienne, haïtienne, burkinabè, malienne, libyenne, guinéenne, américaine, sud-africaine, indienne, éthiopienne, somalienne, soudanaise, algérienne, syrienne etc. Tout gouvernement injuste, cynique, barbare, tyrannique, despotique provoque une révolution. Tout gouvernement qui viole les Droits de l'Homme et les droits de ses citoyens est illégitime et inacceptable. Alors il est combattu et renversé par un soulèvement populaire, une rébellion, un coup d'Etat. C'est la révolution nationale et socio-politique.

Au niveau des relations internationales, l'injustice consiste soit dans la domination et l'occupation d'un pays par un autre soit dans la violation des accords, des traités ou conventions liant des Etats par un Etat se croyant plus fort, plus puissant. C'est l'impérialisme, la colonisation. Et cela suscite l'indignation des victimes ou des Etats qui se sentent menacés. Cela peut provoquer la guerre. Le pays fautif, injuste n'est pas nécessairement le plus fort ni invincible à jamais. « Le plus fort n'est jamais assez fort pour être toujours le maître s'il ne transforme sa force en droit et l'obéissance en devoir », dit J.-J. Rousseau. Les Etats injustes, impérialistes, colonialistes et esclavagistes sont donc prévenus. Un homme prévenu en vaut deux, dit-on proverbialement. A bon entendeur, salut ! La force change constamment de camp dans les rapports de force entre les pays. Elle n'appartient jamais en propre à un seul pays et pour toujours. C'est la dialectique ou la leçon de l'histoire. Toute situation socio-politique est instable, précaire, éphémère. Ainsi l'Angleterre est aujourd'hui dominée par les USA, sa colonie d'hier. Les USA, comme Etat, n'est plus sa propriété privée ni sa colonie. L'Amérique a vaincu l'Angleterre par la guerre et s'est libérée de sa domination et de sa tutelle. Ainsi l'Amérique s'est rendue indépendante et souveraine. Au niveau des rapports Nord-Sud, l'injustice est à son paroxysme. Elle est très scandaleuse et très dramatique. Les pays du Nord sont des Etats esclavagistes, impérialistes, colonialistes, prédateurs, néo-colonialistes. Ils ont dominé, exploité et opprimé les peuples africains pendant des siècles. Aujourd'hui, ils pratiquent le néo-colonialisme en Afrique, c'est-à-dire la colonisation déguisée, voilée, en se servant des élites intellectuelles et politiques africaines comme leurs valets, leurs marionnettes, leurs vassaux, leurs chevaux de Troie. Les dirigeants africains sont leurs pantins qui agissent, gouvernent l'Afrique en leur nom, pour leurs intérêts (faire- valoir, prête-noms) d'une manière très cruelle, criminelle, cynique, inique. Ce sont des lions -bergers dans les enclos coloniaux ou prisons à ciel ouvert. Ils maltraitent et tuent leurs peuples pour leur plaisir, leur bonheur, leur prospérité personnels et ceux de leurs complices, maîtres, employeurs, impérialistes, néo-colonialistes occidentaux. Cette situation est catastrophique, apocalyptique, infernal pour les peuples africains. C'est totalement inacceptable. C'est très révoltant (voir le pacte colonial et la charte de l'impérialisme). Aujourd'hui, cela provoque beaucoup d'indignation, de colère, de ressentiment, de frustration et de réactions légitimes chez les Africains de partout. Il s'agit, notamment, des jeunes, des patriotes, des panafricanistes, des afrocrates, des afrocentristes. Les peuples africains sont de plus en plus lucides, conscients, réfléchis, intelligents, courageux, intrépides, intolérants envers leurs bourreaux prédateurs. Ils sont en guerre. Ils sont dans la révolution. Ils veulent se libérer, se décoloniser, se désesclavagiser, se désaliéner vis-à-vis de l'Occident et de l'occidentalocentrisme. Les victoires des héros maliens, Burkinabès, guinéens, centrafricains, nigériens les galvanisent, les encouragent et les rassurent. Le combat révolutionnaire contre l'injustice s'intensifie et tend à se propager dans toute l'Afrique au grand dam des néo-colonialistes occidentaux et de leurs relais africains.

Au niveau des rapports entre l'Est et l'Ouest (Orient-Occident), l'injustice comme violence, est très manifeste. Elle se traduit par une lutte interminable appelée la GUERRE FROIDE. Cette guerre froide a détruit l'URSS. Elle a fait couler beaucoup de sang partout, sur tous les continents, à travers des guerres d'influence, de domination impérialiste. Cette guerre froide va provoquer la troisième guerre mondiale qui accouchera d'une révolution mondiale spectaculaire. Ce sera la renaissance mondiale. Cela est activement en préparation. Les pays des Brics l'appellent la création du monde multipolaire. C'est une très vaste opération. Elle est à la fois politique, géopolitique, géostratégique, géo-économique, géo- monétaire, géo-financière (dédollarisation, numérisation de la monnaie, dénazification du monde, notamment, de l'Ukraine). Le mouvement mondial des Brics est la révolution mondiale par excellence qui vise à mettre fin à l'hégémonie des puissances occidentales sur les plans politique, économique, financier, monétaire, militaire, culturel, civilisationnel, spirituel, technologique. Cela fera naître un nouvel ordre mondial qui fonctionnera sur la base des valeurs traditionnelles, morales, humanistes, naturelles : égalité, justice, vérité, fraternité, liberté, solidarité, harmonie, équilibre, respect de la dignité de la personne humaine et de la vie.

2

La Méchanceté Dans Le Monde

Qu'est-ce que la méchanceté dans le monde ? Quelles en sont les conséquences ? La méchanceté est le caractère d'une personne qui fait du mal aux autres, qui est méchante, qui nuit aux intérêts et à la vie d'autrui. Dans les relations interpersonnelles, il y a des gens gentils, bons et des gens méchants. De même dans les relations internationales, on distingue les bons pays et les mauvais pays. Les mauvais pays sont les pays impérialistes, prédateurs, esclavagistes, colonialistes. Les bons pays sont leurs victimes. A travers l'histoire, nous voyons que les actes ignobles, barbares, inhumains, dégradants, humiliants et avilissants posés par les mauvais pays ont entraîné des révolutions dans le monde. Cela s'est passé, par exemple, en Haïti, au Brésil, au Cameroun, en Algérie, au Soudan, en Somalie, en Ethiopie, en France, en URSS, aux USA, au Liberia, en Sierra Leone, en Côte d'Ivoire, en Chine, en Corée du Nord, au Vietnam, bref, en Afrique, en Europe, en Asie, en Amérique, en Australie. Le monde entier et l'humanité sont contre la méchanceté, l'injustice, la violence, l'arbitraire qui sont les aspects saillants du mal. Tous les malheurs du monde, toutes les guerres, tous les conflits, toutes les révolutions sont les conséquences de la méchanceté.

5

Qu'est-ce qui pousse certains pays à nuire à d'autres, à vouloir les dominer, les coloniser ? Pourquoi leurs victimes ne peuvent-elles pas agir comme leurs bourreaux ? Socrate explique la méchanceté des hommes par l'ignorance ou l'erreur. « Nul n'est méchant volontairement », disait-il. Selon cette formule, la cause de la méchanceté se trouve dans l'esprit humain. Autrement dit, un homme méchant est un malade mental, un imbécile. La méchanceté est une expression de la faiblesse mentale. C'est de la psychopathologie. Cela découle de la mauvaise santé mentale. C'est une manifestation de la folie. Les peuples violents, barbares, belliqueux, criminels, génocidaires sont des fous en liberté. Un peuple mentalement sain est saint. Il est normal, nécessairement vertueux, moral. Il est civilisé, discipliné, humain. Il ne peut jamais s'adonner au massacre et à l'extermination des autres peuples. Il ne peut jamais faire du mal, de la cruauté, du brigandage, de la prédation, du pillage, de la tuerie et du vol, sa raison d'être ni sa raison de vivre comme le font les pays européens à l'égard des pays africains. La loi de la jungle est le propre des peuples sauvages, des peuples atteints par la débilité mentale. Tous les bourreaux de ce monde sont des fous, des déséquilibrés mentaux. Si les peuples africains ne massacrent point, n'oppriment point les Occidentaux ni chez eux ni en Occident, cela veut dire qu'ils sont sains, saints, civilisés. Les Africains sont des dieux. Ils sont les créateurs de la civilisation, de la morale, du droit, de l'humanisme (Maât). L'Afrique est le berceau, la matrice de l'humanité. C'est pourquoi les Africains sont tolérants, indulgents, hospitaliers, généreux, bons. C'est pourquoi ils ne se vengent pas de leurs bourreaux impérialistes, esclavagistes, colonialistes, néo-colonialistes. Ils sont de très bons stoïciens. Ils supportent héroïquement la méchanceté des Occidentaux et des Orientaux et s'abstiennent de toute passion réactive, de toute animosité et de toute haine. Ils pardonnent tous les maux et tous les torts qui leur sont faits. Voltaire dit alors que les Africains sont faits pour l'esclavage à perpétuité. Non. Ils ont horreur de la violence destructrice, du mal, du chaos, du désordre. Hegel également a menti sur les Africains. Il a caricaturé, dénigré, insulté et méprisé les Africains dans « La Raison dans l'histoire ». Il est raciste, négrophobe. Il est un idéologue qui justifie, encourage, soutient l'impérialisme, le colonialisme et l'esclavagisme pratiqués par son peuple allemand nazi. En général, les philosophes et les Etats occidentaux sont très méchants, très injustes et très malhonnêtes envers les Africains. Et leur méchanceté a eu des impacts très considérables et très négatifs sur les relations Nord-Sud, sur les rapports entre l'Afrique et l'Europe.

La méchanceté occidentale a poussé les Africains à l'insurrection, à la légitime révolution, à la revendication de l'indépendance, de la décolonisation de l'Afrique. Aujourd'hui, les Africains sont dans la lutte sécuritaire, émancipatrice, libératrice, souverainiste. Alors que les peuples africains sont en possession de tous les moyens naturels, intellectuels, humains, économiques, culturels pouvant leur permettre de se constituer en une puissance extraordinaire, terrifiante, pour conquérir tous leurs droits aliénés, volés par l'Occident, ils sont bloqués par la sagesse ascétique, leur don naturel. Ils se maintiennent encore dans la soumission, la servitude, dans la position du faible, du lâche, de l'idiot qui ignore sa force, son droit à l'exercice victorieux de sa puissance sur ses bourreaux. Les peuples africains ne font qu'offrir des cadeaux non mérités à leurs ennemis multiséculaires. Pourquoi cela ? Parce que leur sagesse ascétique et maâtique les empêche de se fabriquer des bombes nucléaires et autres pour dissuader ou tenir leurs bourreaux en respect. Cette situation paradoxale durera encore combien de temps ? A l'heure où les Brics donnent le ton et le coup d'envoi de la révolution mondiale, on doit se demander ce qui va se passer demain. La méchanceté des Occidentaux a-t-elle encore de beaux jours devant elle ? Qui vivra verra. La révolution mondiale est déclenchée. Elle est en marche. Quelle sera sa forme finale ? Wait and see.

3

La Violence Dans Le Monde

Qu'est-ce que la violence dans le monde ? La violence consiste à exercer injustement et méchamment sa force, sa puissance ou ses pouvoirs sur autrui. Cela peut se faire soit physiquement soit moralement soit socialement soit économiquement soit politiquement soit militairement. La violence s'exprime par la domination, l'oppression, l'exploitation, l'injustice, l'arbitraire, la cruauté etc. Au niveau de l'axiologie et de la morale, La violence est un concept négatif qui traduit l'idée de mal, de nuisance. Elle exprime, par exemple, la violation des Droits de l'Homme, des droits des citoyens, des droits des peuples. Considérons ses principales formes historiques qui pourront conduire l'humanité à la révolution et à la renaissance mondiales. Il s'agit des guerres, des rebellions armées, des conflits internationaux, des génocides, de l'esclavage, de la colonisation. Tout cela aboutit à des tueries, à des massacres, à la domination, à des destructions des biens, à la souffrance. Le mal que nous faisons est payé par un mal supérieur. Ce dernier rétablit l'ordre, l'équilibre et l'harmonie rompus. C'est la loi de l'univers, justicier suprême. Un vide est très vite comblé.

Une injustice est vite corrigée, réparée. On revient toujours à la justice, à la justesse, à la droiture dans la vie, dans la société, dans le monde. La normalité est un principe sacré, une loi primordiale. Quand on pense à l'esclavage, on pense de facto à la liberté. Quand on pense au désordre, on pense du même coup à l'ordre. Quand on pense au mal, on pense de facto au bien. Quand on pense au faux, on pense du même coup au vrai. Quand on pense à l'injustice, on pense du même coup à la justice. De même le laid fait penser au beau, la guerre fait penser à la paix, le malheur fait penser au bonheur, la faiblesse fait penser à la puissance, la défaite fait penser à la victoire, l'échec fait penser au succès, la pauvreté va avec la richesse, le déshonneur va avec la gloire, la petitesse va avec la grandeur, le jour avec la nuit, la mort avec la vie, la bonté avec la méchanceté, ainsi de suite. Les choses, les valeurs, les positions sociales, géographiques sont dialectiques, évolutives, relatives, diachroniques et non statiques, figées, éternelles. C'est le droit de l'univers, de la nature, de la vie. C'est indépendant de l'homme, de sa volonté. C'est immuable. Vouloir le chaos, c'est du même coup aller tout droit vers un ordre meilleur, supérieur. Détruire, c'est construire. Le dominateur crée son dominateur à lui. Le colonisateur fabrique son colonisateur. Le maître crée son maître. Ainsi les guerres impérialistes conduisent inexorablement à la paix profonde, à la justice, à la fraternité universelle. L'ordre créé et dominé par les oligarques capitalistes occidentaux a créé les conditions de son chamboulement, de sa décomposition avancée. Il va vers sa fin. Il est en train de plonger l'humanité dans un nouvel ordre qui sera multipolaire. Cela est indépendant de leur volonté. Cela dépasse leur entendement. Le sort ou les dieux se moquent d'eux. C'est fatal.

En renforçant, augmentant leur capacité de nuisance, leur méchanceté, les bourreaux oligarques attisent la haine, le ressentiment, la colère, la révolte, la frustration de leurs victimes. Ils veulent modifier l'homme, changer sa nature, le transformer en animal, en machine ou le supprimer. C'est le sens de leur nouvel ordre mondial à eux (eugénisme, transhumanisme). C'est le contraire de l'ordre mondial normal, naturel, légitime que veulent leurs très nombreuses victimes se trouvant dans le monde entier. La révolution mondiale en cours est l'antithèse de leur nouvel ordre mondial pédo-satanique et démoniaque. La victoire sera à leurs victimes. Ils sont aux abois. Ils se débattent désespérément dans l'ombre comme des animaux pris aux pièges, à leurs propres pièges de bourreaux et de prédateurs impénitents. « Le plus fort n'est jamais assez fort pour être toujours le maître s'il ne transforme sa force en droit et l'obéissance en devoir », dit J. -J. Rousseau. Oui, c'est juste. C'est historiquement, naturellement et universellement vérifié. Ceux qui se croient les plus forts, ne le restent point éternellement. Ils sont tôt ou tard détrônés, battus, dépassés par les autres qu'ils méprisent, dominent momentanément. Tout est vanité et illusion liées à leur ignorance. La vie et le monde veulent que ton fils et ton esclave deviennent tes supérieurs hiérarchiques, tes présidents, tes rois, que les rois deviennent les esclaves de leurs esclaves, que les prolétaires deviennent les patrons des bourgeois (la dialectique hegelienne et marxienne). Ainsi l'humanité est passée successivement de la société féodale à la société bourgeoise capitaliste, à la société socialiste puis à la société communiste. Et l'évolution continue indéfiniment. Certaines sociétés ayant atteint le sommet (communisme) sont descendues. Elles sont reparties à la base. Elles ont fait le chemin retour jusqu'à la féodalité. Le développement historique des sociétés n'est pas une ligne droite. C'est un mouvement en dents de scie, un mouvement illogique, irrationnel guidé par la passion, l'émotion, l'affectivité. Il n'y a pas de Raison dans le monde. L'histoire le prouve éloquemment par des exemples innombrables. L'avenir est imprévisible. Nous ne pouvons pas savoir avec précision et exactitude ce qui attend demain telle ou telle société. Nous ne sommes pas des dieux. Nous ne sommes pas dans les secrets des dieux. Tout ce que nous savons de vrai et de certain est que les rapports de force entre les nations historiques sont tantôt en faveur de la société x et tantôt en faveur de la société y. Tantôt telle société domine les autres, tantôt elle est dominée à son tour par une autre et ainsi de suite. Plusieurs sociétés ayant connu la gloire, la puissance, la prospérité, la domination et un rayonnement légendaire sont tombées en décadence au cours du temps. Elles ont disparu ou elles ont perdu leur puissance et leur domination au profit d'autres sociétés qu'elles ont créées, dominées, exploitées. C'est le cas, par exemple, de l'Egypte antique, par rapport à l'Egypte d'aujourd'hui et le reste du monde. Idem pour l'Angleterre par rapport à ses colonies innombrables (USA, Canada etc.). Idem pour la Grèce antique par rapport à la Grèce actuelle. Idem pour la Rome antique par rapport à la Rome actuelle. Idem pour la Russie présente par rapport à l'URSS. Idem pour le Mali médiéval par rapport au Mali d'aujourd'hui. La France, grande puissance coloniale, est en train de perdre ses colonies africaines. Elle va peut-être disparaître complètement de l'Afrique grâce à la révolution mondiale initiée et déclenchée par les Brics.

La violence est un couteau à double tranchant. Elle peut nuire aux autres comme à celui qui l'utilise. Les peuples qui s'en servent très mal se font très mal. Elle se retourne contre eux et provoque leur déchéance ou leur fin. C'est bien ce qui se passe à l'heure actuelle dans le monde. Ainsi l'Occident a amorcé sa décadence.

4

L'arbitraire Dans Le Monde

Qu'est-ce que l'arbitraire dans le monde ? L'arbitraire c'est le caractère des actes humains non conformes au droit, à la morale et donc injustes et visant à nuire à autrui. Cela empoisonne les rapports interindividuels et internationaux. Les dictateurs, les cyniques, les peuples impérialistes, esclavagistes et colonialistes agissent de façon arbitraire. L'arbitraire est le moyen utilisé par les nations méchantes, barbares et prédateurs. C'est le comportement de l'Etat français dans ses colonies africaines et d'ailleurs (le pacte colonial, le code noir, la charte de l'impérialisme). Les Etats qui pratiquent l'arbitraire piétinent, violent allègrement et cyniquement le droit, les conventions et les traités internationaux, les actes des organisations comme l'ONU, l'Union européenne, l'Union africaine, la CEDEAO, l'OMS, l'OMC etc. Ils le font au nom de leur puissance. Ils sont aveuglés, enivrés et rendus sourds et fous par leur force, leur puissance militaire, leur développement économique, industriel, scientifique, technologique. Ainsi ils ont l'audace d'abuser de leur puissance militaire qui leur assure des victoires dans les guerres qu'ils ont livrées à des nations innocentes et faibles. Ils ont pu ainsi se créer des colonies dans le monde entier. La France, l'Angleterre, l'Espagne, le Portugal, l'Italie, l'Allemagne et autres vivent de l'arbitraire. Cela consiste dans le pillage, la prédation, le brigandage, le vol, la domination, l'esclavagisation, la colonisation, le massacre qu'ils pratiquent en Afrique, en Asie, en Océanie, en Amérique, en Europe. L'arbitraire est ainsi le moteur et la base de l'histoire. Il est composé d'injustice, de méchanceté, de violence, de désordre, de crime. C'est la loi du plus fort, du plus armé, du bandit, du panier de crabes qu'est le monde unipolaire.

L'arbitraire a permis de créer des empires coloniaux, économiques, financiers, monétaires au mépris absolu de la morale, du droit, de l'humanisme, des lois de l'univers, de la nature, de la vie, de la société. La France d'outre-mer, les pays du Commonwealth, le Franc CFA, la Francophonie, la Banque mondiale, le FMI etc. sont des manifestations concrètes et diverses de l'arbitraire occidental. L'occidentalocentrisme est le siège de l'arbitraire comme système impérialiste, esclavagiste et colonialiste. Aujourd'hui, tous les peuples de la terre (et non les élites) victimes de l'arbitraire occidentalocentrique sont en lutte. Ils ont déclenché des hostilités révolutionnaires. Ils sont fatigués de subir l'arbitraire des élites pédo-satanistes, impérialistes. Ils sont dans la révolution mondiale dirigée par les Brics ayant pour meneur ou chef de fil la Russie. Les victimes de l'arbitraire des puissances iniques et cyniques grognent très, très fort. L'heure de faire la guerre à leurs bourreaux d'élites a sonné. Nous assistons à une course effrénée vers la libération, l'émancipation, la souveraineté, l'indépendance, l'autonomie. Cela explique la dédollarisation de l'économie des Brics, les guerres de résistance anti-française en Afrique ou guerres anti-terroristes ayant lieu au Mali, au Burkina Faso, en Guinée Conakry, au Niger, au Gabon, en Centrafrique etc. Les peuples africains dénoncent violemment et combattent à l'unisson les onze accords secrets et criminels franco-africains, la charte de l'impérialisme abjecte, cynique, insultante, méprisante et immorale. Les peuples antillais avaient déjà fait ça contre le code noir du roi Louis XIV. Les bourreaux sont très têtus et demeurent toujours les mêmes sur la terre. Les révolutionnaires sont en Afrique, en Europe, en Asie, en Amérique, en Océanie. Ils sont sur toute la terre. Le monde entier en a marre de l'arbitraire, de l'injustice, de la violence, de la méchanceté, du désordre des élites, des oligarques, des ploutocrates capitalistes occidentaux et de leurs vassaux, alliés, employés, marionnettes. Les bourreaux seront traqués, poursuivis jusqu'à leurs derniers retranchements. Ils doivent abandonner toutes leurs pratiques arbitraires, passer aux aveux, à des confessions, au mea-culpa, à des amendes honorables, à la repentance. Ils doivent demander pardon à leurs victimes et réparer les torts qu'ils ont causés à des milliards de personnes sur la terre. Avec la covid-19 et le corona virus seulement (crime plus récent), ils ont tué et handicapé arbitrairement des milliards de personnes. Ils ont créé arbitrairement des chômeurs partout. Des millions de personnes ont perdu leurs emplois pour avoir refusé de se faire vacciner de force contre la covid-19, pour avoir refusé de porter des masques faciaux, d'observer des mesures prétendument sanitaires (distance sociale, confinement). Des gens ont été empêchés de voyager parce qu'ils ont refusé le passeport sanitaire (vaccination criminelle, arbitraire). Des gens ont été jetés en prison pour avoir manifesté leur mécontentement ou jetés à l'hôpital psychiatrique et traités de fous (savants et médecins de grand renom). Certains d'entre eux, les moins chanceux, ont fini par être assassinés. Oui, ils ont été discrètement et arbitrairement tués dans l'ombre ou disqualifiés ou révoqués de leurs fonctions. Cela fait trop d'injustice, trop de dégâts, trop d'abus, trop de torts, trop de méfaits, trop de victimes, trop de violences, trop de cruautés, trop d'horreurs, trop d'abominations, trop de tyrannie. Dans quel monde sommes-nous ? Tout cela est anti-démocratique, anti-républicain, antipolitique, antimoral, antireligion, anti-civilisation, anti-humanité, anti-univers, anti-nature, anti-droit, anti-société. A bas le satanisme et à bas le mondialisme des francs-maçons ! Posons-nous des questions fondamentales, humanitaires, liées à la démocratie, à la civilisation, à la république, aux valeurs ascétiques.

Qui a donné le droit et la légitimité aux tueurs de tuer ? Est-ce que ce sont ces bourreaux et ces assassins francs-maçons et oligarques capitalistes qui ont créé la vie, le monde et l'humanité ? Si le credo religieux et le dogme politique des Occidentaux sont respectivement Dieu (qui, dit-on, est amour) et la démocratie (qui est opposée à la méchanceté, à l'injustice, à l'arbitraire, à la violence cynique, à la barbarie, à la dictature), pourquoi donc cet ordre de mal, cet empire diabolique ? Pourquoi tout cela est-il rendu possible et réel ? L'esclavage et la colonisation ne sont point des actes démocratiques, républicains, religieux, divins. Leurs auteurs sont-ils donc de quelle planète ? Comment et pourquoi sont-ils si différents des Africains ? Comment et pourquoi sont-ils si bizarres et opposés aux valeurs cardinales de l'univers, de la nature et de la société maâtocratique ? Comment des peuples qui se réclament de la morale (déclaration universelle des Droits de l'Homme et du Citoyen de 1948 par l'ONU), de l'humanisme, de la religion chrétienne, peuvent-ils agir, se comporter en si parfaits serviteurs de Satan et du diable ? On nous ment et on nous trompe donc quotidiennement dans ce monde. On nous manipule, on nous escroque intellectuellement, moralement, spirituellement. Toutes leurs prétendues valeurs, leurs prétendus religiosité, spiritualité, axiologie et légalisme ne sont que de la malice du diable, du machiavélisme, de la tromperie, de la grimace macabre. C'est la ruse suprême des prédateurs, des parasites, des vampires, des pieuvres. Ce sont des pièges sataniques qui ne prennent pas ceux et celles qui sont éclairés par la raison maâtique et les sages. Les peuples africains et d'autres victimes sont désormais lucides, conscients et avertis des stratégies et de la ruse machiavélique, satanique des impérialistes et des colonialistes séducteurs, endoctrineurs. Nous savons très bien aujourd'hui que nos bourreaux se voilent, qu'ils se cachent derrière les apparences séductrices de saints, d'humanistes, de sauveurs, de bienfaiteurs, de Dieu-bonté- amour et d'anges qu'ils ont soigneusement créés à leurs besoins. Nous savons que leur théologie, leur axiologie, leur éthique, leur philosophie, leur science sont des armes contre nous. Ce sont des outils de manipulation, de domination et de prédation.

Le roi Leopold II de la Belgique envoyait des prêtres catholiques évangéliser et convertir les Congolais pendant qu'il les faisait massacrer, amputer. Ses soldats coupaient les bras des Congolais. Il a fait tuer plus de dix millions de Congolais. La France a tué un million de Camerounais, plus d'un million d'Algériens, des milliers d'Ivoiriens etc. Le roi de France, Louis XIV n'a pas épargné la vie de ses esclaves africains avec son code noir. La France n'a pas été humaine ni reconnaissante vis-à-vis de ses soldats africains qui l'ont aidée et sauvée lors des deux guerres mondiales. A la fin de la seconde guerre mondiale, elle a fusillé et tué ses tirailleurs sénégalais au Sénégal. C'est tout ça qui conduit le monde vers la révolution et la renaissance mondiales.

5

Le Désordre Dans Le Monde

Qu'est-ce que le désordre dans le monde ? Le désordre est l'absence d'ordre. L'ordre est constitué par les lois, la disposition et le fonctionnement mécanique, spontané, automatique, des phénomènes de l'univers, de la nature et par le respect par tous des institutions sociétales, nationales et internationales. Le monde est un grand Tout. C'est une totalité cohérente, homogène comme unité fondamentale. Il faut y voir le droit, la justice, la justesse, l'égalité, l'harmonie, l'équilibre, la solidarité. Telle est l'essence de l'ordre. La vie de la nature, de l'univers et de la société se veut ordonnée. L'état et la vie naturels des êtres est l'ordre. Respecter cela nous apporte la paix, la sécurité, la bonne santé. Tel est le critère de la normalité qui procure le bonheur à l'homme, à un peuple. Les animaux, les végétaux et les autres êtres respectent la normalité. Ils sont ainsi en sécurité, dans le bien-être. Mais quant à l'homme, il est indiscipliné et court beaucoup de risques. Il a plutôt choisi le désordre. Il viole constamment les lois cosmiques, naturelles et sociétales. Il dérange, trouble l'ordre universel, naturel et sociétal. Il se veut le maître et le possesseur du monde (René Descartes). Il s'agit principalement de l'homme occidental capitaliste, technocrate, scientiste, militariste, élitiste. Celui-ci court après la richesse, la surabondance, l'opulence, le luxe. Son idéal est d'accumuler sans cesse des biens socio-matériels, d'accroître démesurément sa puissance et sa capacité de destruction et de nuisance. Ainsi il se lance à la conquête du monde, massacre les autres, les met en esclavage et en colonisation. Il instaure un rapport de force, un rapport de dominateur à dominé, de maître à esclave sur la terre. Il divise le monde en plusieurs parties : Nord, Sud, Ouest, Est, pays pauvres, pays riches, tiers-monde. Il crée des institutions de domination, de prédation, de discrimination, d'exclusion, de mépris, d'infériorisation et de chosification des autres hommes (ONU).

Il range les peuples faibles, impuissants, pauvres, qu'il a soumis, qu'il domine, opprime, colonise, esclavagise dans la partie du monde qu'il appelle le Tiers-monde et le Sud. Il classe les peuples en plusieurs races : la race blanche, la race noire, la race jaune, la race rouge. Il crée des conflits violents partout entre les races (racisme et ségrégation, Apartheid). Il a créé la race supérieure, les races inférieures, les races impures, les races pures et bénies, les races sales et maudites, les races indésirables, les races esclaves, les races à exterminer. Ainsi de très nombreux peuples ont été massacrés et supprimés. L'on a récupéré et occupé leurs terres, leurs pays, leurs biens, leurs richesses. Cela s'est passé en Afrique, en Europe, en Amérique, en Asie, en Océanie. Cela explique les guerres, l'existence de l'ONU, de l'OTAN, l'impérialisme et le colonialisme occidentaux. C'est la cause de l'agression, de la destruction et de la division de nombreux pays comme l'URSS, la Yougoslavie, la Libye, l'Irak, l'Afghanistan, la Corée, la Chine, l'Inde, le Soudan, la Somalie, la Syrie, l'Ethiopie etc. Le désordre a des formes innombrables et variées. Il est semé par les guerres, le séparatisme, les coups d'Etat, les rebellions, les révoltes, les révolutions. Il est omniprésent dans chaque pays qui est dans le collimateur de l'Occident, qui a été visité par l'impérialisme. L'état actuel de tous les pays au monde est anormal. Il traduit la marque indélébile du désordre causé par les agressions impérialistes et colonialistes. Ainsi des nations comme Irak, Afghanistan, Corée du Sud, Corée du Nord, Chine, USA, Vietnam, Japon, Soudan, Somalie, Syrie, Guinée Conakry, Mali, Côte d'Ivoire, Togo, Congo, Rwanda, Centrafrique, Tchad, Congo Brazzaville, Gabon, Cameroun, Afrique du Sud, Namibie, Liberia, Sierra Leone, Venezuela, Haïti etc. C'est devenu la tradition, la seconde nature du monde. Chaque pays a son expérience du désordre. Dans certains pays, c'est la guerre civile, la rébellion armée, le coup d'Etat. Dans d'autres, c'est plutôt le terrorisme, la dictature, le despotisme obscur, l'absolutisme, l'autocratie, le totalitarisme, les affres de la démocratie et de la république imposées à coups de canons et de bombes impérialistes et colonialistes. Le désordre est à son paroxysme sous toutes ses formes et toutes ses laideurs dans le monde entier. Il s'appelle globalement la guerre froide, c'est-à-dire les guerres indirectes, par des pays interposés, qui se déroulent entre la Russie et les USA. Autrement dit, les guerres entre la coalition occidentale et la coalition orientale. Le désordre est la somme de la violence, de l'injustice, de l'arbitraire quotidiens qui mettent la vie des Africains en danger, en souffrance. C'est la somme des malheurs, des douleurs, des tribulations que subissent les peuples sur la terre. Il est causé par l'indiscipline, la folie meurtrière, l'absence totale de sagesse, de droiture, de moralité, de spiritualité dans le monde unipolarisé et occidentalisé. C'est le chaos créé et caractérisé par les actions et les comportements sataniques des hommes sous l'égide des impérialistes, des oligarques, des technocrates. La science sans conscience provoque la destruction, la décadence et la disparition des nations soi-disant puissantes.

La forme la plus dramatique et la plus dangereuse du désordre mondial réside dans la volonté des nations occidentales de détruire toutes les valeurs et tous les paradigmes traditionnels et de leur substituer des folies, des fantaisies, des caprices nuisibles qui vont supprimer la civilisation, l'humanité, la morale, le droit. Cette propension de détruire en l'homme tout ce qui lui est propre et naturel pour faire de lui un être vidé de lui-même, un être artificiel, aliéné, dégénéré, modifié, transformé constitue le plus grand crime de l'histoire. C'est intolérable et inacceptable. Car si cela est admis, ce sera la perdition de tous et de chacun. Le nouvel ordre mondial pensé et voulu par les bourreaux, les oligarques, les ploutocrates, les capitalistes, les francs-maçons, les satanistes, les technocrates est une folie mortelle qui doit être rejetée en bloc par toutes les victimes du monde unipolaire. Cela doit être combattu le plus violemment possible. C'est une question de vie ou de mort. Personne de normal, de raisonnable ne doit se laisser faire. Aucun peuple normal ne doit accepter cette œuvre du diable, de Satan. La vigilance très accrue est de mise ici. Elle est très requise ici pour nous défendre et sauver notre vie. Il faut absolument que tous les peuples soient très vigilants, très fermes, très jaloux de leur souveraineté, de leur culture, de leurs valeurs traditionnelles, salvatrices. L'autarcie et le misonéisme des peuples sont exigibles et indispensables ici. C'est vital et salutaire. Refusons d'être des robots, des marionnettes, des zombies des mondialistes vicieux, criminels, génocidaires, lucifériens. Ne leur donnons point le droit de vie et de mort sur nous. Nous ne sommes pas leurs créatures, leurs bébés. Refusons d'être manipulés, dominés, massacrés, opprimés, esclavagisés, empoisonnés et tués par eux. Ils font cela depuis des siècles. Ils nous ont déjà fait trop de mal en cachette. Metton fin à ça maintenant. Trop, c'est trop. Mettons fins à leur malfaisance, à leur dictature, à leur domination. A bas toutes leurs organisations et institutions criminelles et génocidaires comme ONU, OTAN, OMS etc. L'humanité doit se réveiller et se battre à mort contre tous ses bourreaux et tous ses prédateurs. Vive l'humanité et la civilisation !

6

Les Guerres De Libération Dans Le Monde

La plupart des guerres qui se déroulent présentement dans le monde sont des manifestations de la révolution et de la renaissance mondiales. La révolution mondiale se traduit par des actions diverses plus ou moins violentes, à caractère soit politique soit économique soit social soit géopolitique soit géostratégique. Les guerres révolutionnaires sont des conflits armés qui opposent soit deux groupes d'individus d'un même pays soit deux nations voisines soit des colonies et leurs métropoles. Quand des patriotes d'un pays font de la politique, ils déclenchent le plus souvent une révolution patriotique. Cela peut prendre la couleur d'une guerre civile ou déboucher sur un coup d'Etat. Le groupe de civils ou de militaires qui vient au pouvoir par une guerre civile ou par un coup d'Etat agit contre les intérêts impérialistes, colonialistes et néo-colonialistes. Il change l'ordre réactionnaire, les institutions impérialistes, déclare la guerre de libération ou guerre patriotique à l'hégémonie de l'Occident et à sa prédation. Le Mali du colonel

Assimi Goïta, la Libye du colonel Mouammar Kadhafi, le Burkina Faso du capitaine Thomas Sankara, du capitaine Ibrahim Traoré, la Guinée du capitaine Doumbouya sont dans cette voie. Ces pays travaillent pour la révolution et la renaissance mondiales. Ils combattent l'impérialisme occidental et le néo-colonialisme français. Ils luttent pour leur libération, leur indépendance, leur souveraineté, leur prospérité, leur puissance, leur sécurité et la paix universelle. L'Algérie a fait la guerre à la France pour sa décolonisation. Environ un million d'Algériens sont morts dans cette guerre. L'Algérie coopère militairement avec la Russie, un grand membre des Brics, qui sont en train de construire le monde multipolaire favorable à la justice, à la liberté, à la sécurité, à la prospérité, à la puissance, à la fraternité, à l'harmonie, à l'égalité entre tous les peuples. L'Ethiopie a fait la guerre à l'Italie pour sa liberté, son indépendance, sa souveraineté. C'est un pays révolutionnaire. La Centrafrique est toujours en guerre de libération, de dénéocolonisation aidée militairement par la Russie. L'Afrique du Sud a trop souffert de l'Apartheid, de la ségrégation raciale, de ses colons blancs. Elle continue de lutter pour se décoloniser économiquement avec l'opposant politique noir, Julius Malema. Le Zimbabwe, la Somalie, le Soudan etc. ne sont pas en sécurité ni en paix. Ils se battent toujours contre les bourreaux et les prédateurs communs de l'Afrique. En Europe, la Yougoslavie et l'URSS furent détruites, divisées. La Russie lutte pour sa sécurité et sa survie. Elle est en guerre contre l'OTAN. En Asie, la Corée du Nord affiche sa détermination à résister à l'impérialisme occidental jusqu'au bout. Elle s'arme de plus en plus pour dissuader ses ennemis. C'est pareil pour le Vietnam qui a pu vaincre ou repousser ses agresseurs et se libérer ainsi du colonialisme et de l'impérialisme occidentaux. La Chine se prépare à la guerre contre les USA. Elle s'entraîne et s'arme de plus en plus. Elle s'est rapprochée de la Russie (Brics). En Amérique, les gens sont sur leur qui-vive. Les pays comme le Venezuela, Cuba, Brésil sont dans les Brics. Leur alliance fera leur puissance, leur prospérité économique et leur victoire militaire sur leurs ennemis et leurs prédateurs communs.

Tous les pays au monde sont dans la dynamique de la préparation de la troisième guerre mondiale. Les vainqueurs de cette troisième guerre mondiale (s'il peut y en exister) remettront les compteurs à zéro. Ils créeront un ordre mondial qui est souhaité et attendu par les hommes normaux, raisonnables, vertueux, civilisés, humanistes. Cet ordre mondial nouveau sera celui que les Brics préparent déjà. Il s'agit d'un ordre mondial a la fois politique, géopolitique, géo-économique, géo-monétaire, géostratégique, géoculturel. Cela nous donnera un monde de vérité, de justice, d'égalité, de liberté, de droit, de morale, de fraternité, d'harmonie, de solidarité, de paix, de sécurité, d'amour, de compassion, d'empathie. C'est dire qu'il n'y aura pas de roi suprême ni de vassaux ni de bourreaux ni de victimes ni de maîtres ni d'esclaves ni de dominateurs ni de dominés ni de bourgeois ni d'oligarques ni de prolétaires ni de colonisateurs ni de colonisés dans le monde. Il n'y aura plus d'impérialisme ni de colonialisme sur la terre. Toutes les dualités, toutes les contradictions antagoniques, la méchanceté, la violence, l'arbitraire et le désordre disparaîtront du monde. Un véritable paradis terrestre verra le jour bientôt au grand dam de Satan et de ses disciples. Les choses avancent et s'accélèrent de jour en jour. Nous allons irréversiblement vers la révolution mondiale favorisée par les guerres et les coups d'Etat. Chacun doit apporter sa pierre à cet édifice mondial exaltant qui est en construction. Rêvons et agissons tous en même temps. Ce n'est pas la tâche, la corvée, d'un seul homme, d'un seul peuple, d'un seul Etat. C'est une œuvre universelle de portée historique. Nous voulons y voir la participation active, volontaire et responsable des 55 pays africains. Cela requiert aussi la participation des Etats de tous les cinq continents. C'est la révolution de tous les prolétaires, de tous les opprimés, de tous les dominés, de tous les faibles, de toutes les victimes des bourreaux, des impérialistes, des colonialistes, des oligarques et ploutocrates.

La mafia et le système occidentalocentrique sont aux abois. Les privilèges scandaleux, honteux et cyniques des oligarques criminels disparaîtront bientôt et laisseront la place à la justice universelle. Il n'y aura plus de pays faibles, pauvres, sous-développés, de tiers-monde, de Sud. Tous les pays du monde seront libérés, égaux, riches, développés, heureux, dignes, respectés. Ils gagneront tous leurs droits et seront en paix et en sécurité car leurs bourreaux disparaîtront ou cesseront d'être bourreaux dans le nouvel ordre mondial. Les prédateurs disparaîtront ou cesseront de prédater. Les forces en lutte contre l'axe du mal pour l'avènement d'un monde heureux, pacifié, sécurisé sont les Brics, les Panafricanistes, les Afrocrates, les Afrocentristes. Les Brics sont un bloc comprenant le Brésil, la Russie, l'Inde, l'Afrique du Sud, la Chine etc. Les Brics sont en train de supprimer la suprématie du dollar américain sur l'économie mondiale. C'est un coup fatal à l'hégémonie des oligarques capitalistes et à la puissance économique américaine. C'est un deuil à l'impérialisme. Chaque pays devra désormais posséder et utiliser sa propre monnaie comme son outil commercial dans le monde. Quoi de plus juste, de plus normal et de plus intéressant pour l'humanité et les peuples en quête de bonheur, d'indépendance, de souveraineté, de prospérité, de liberté, de paix, de sécurité, d'égalité dans les relations commerciales, internationales et géopolitiques ? Désormais, il n'y aura ni maître ni Dieu sur la terre.

Quant aux panafricanistes, ils sont des Africains qui se battent pour la libération, l'unification, le développement et la renaissance de l'Afrique. Ils combattent l'esclavagisme, l'impérialisme, le colonialisme, le néo-colonialisme en Afrique. Ils veulent une Afrique libre, en paix, souveraine, prospère et très puissante. Les Afrocrates, partisans de l'Afrocratisme (notre doctrine philosophico-politique en faveur de l'Afrique) sont des panafricanistes extrémistes. Ils luttent pour la suppression totale de l'occidentalocentrisme en Afrique. Ils combattent la domination politique (géopolitique, géostratégique), culturelle, économique, spirituelle de l'Occident et de l'Orient sur l'Afrique. En un mot, l'Afrocratisme est la doctrine selon laquelle les Africains doivent se décoloniser absolument, se libérer de toute domination étrangère, se prendre en charge et se gouverner eux-mêmes selon leurs propres paradigmes, leurs coutumes, traditions ancestrales, selon leur sagesse authentique, maâtique (voir « L'Afrocratisme contre le nouvel ordre mondial », « La Philosophie de l'esprit africain »). Les Afrocentristes (Ama Mazama) veulent remplacer l'occidentalocentrisme par l'afrocentrisme. Ils combattent le complexe d'infériorité, l'aliénation, l'exotisme des Africains esclavagisés, colonisés. Ils défendent et valorisent les paradigmes, les traditions ancestrales des Africains. Ils préconisent le retour aux valeurs africaines authentiques, kémitiques. Ils sont des Afrocrates purs et durs.

Deuxième Partie

LES MANIFESTATIONS DE LA REVOLUTION

ET DE LA RENAISSANCE MONDIALES

7

Les Coups d'Etat Patriotiques
Dans Le Monde

Des coups d'Etat patriotiques ont lieu dans l'Afrique actuelle. Cela tend à gagner tout le continent noir comme une mode politique. Après celui du Mali, de la Guinée Conakry, du Burkina Faso et du Niger, on se demande à quel pays le prochain tour. Les peuples africains conscients, indignés, révoltés sont en guerre contre les impérialistes, les néo-colonialistes, les bourreaux et les prédateurs occidentaux présents dans leurs pays. Ils se battent nuit et jour avec leurs mains nues contre les soldats allemands, anglais, espagnols, portugais, otaniens. Les militaires patriotes les soutiennent en renversant leurs présidents corrompus, vassaux, marionnettes, chevaux de Troie des impérialistes, des néo-colonialistes et des néo-esclavagistes. C'est ainsi que le Mali est présentement gouverné par le colonel Assimi Goïta, Président de la transition politique. C'est ainsi que le Burkina Faso est présentement dirigé par le capitaine Ibrahim Traoré, Président de la transition politique. C'est ainsi que la Guinée Conakry est présentement dirigée par le colonel Mamadi

28

Doumbouya. C'est ainsi que le Niger est actuellement dirigé par le général Abdourahamane Tchiani. D'autres putschs suivront inexorablement en Afrique et ailleurs, dans le monde. Les peuples de partout sont fatigués des affres de l'impérialisme prédateur qui les réduit à la misère. Ils aspirent désormais à un monde et à une vie meilleure où tous leurs droits fondamentaux seront respectés. Ils veulent la liberté, la justice, la prospérité, la sécurité, la paix, le bonheur. Ils veulent jouir des biens, des richesses et des ressources naturelles et humaines de leurs pays. Cela ne sera possible que dans un monde multipolaire qui s'oppose au monde unipolaire actuel qui est un panier de crabes.

Opprimés du monde entier, unissez-vous. L'union des faibles est une force contre les forts, les puissants injustes, cyniques, méchants du monde unipolaire. Le monde est actuellement dans une dynamique révolutionnaire. Il est dans une lutte populaire qui vise à renverser l'ordre satanique et criminel des oligarques capitalistes. Les manifestations de cette révolution universelle sont les coups d'Etat militaires, les putschs, qui accélèrent la lutte. « Le vrai pouvoir est militaire », a dit le philosophe Alain. Cela est en train de se vérifier dans le monde à la faveur des guerres et des coups d'Etat. Les militaires prennent le contrôle du monde. C'est eux en réalité qui gouvernent tous les pays indirectement, en sous-main ou ouvertement, selon les cas et les pays. Ils prendront bientôt la direction de toutes les nations au nom de la révolution et de la renaissance mondiales. Les soldats africains sont inspirés et encouragés par l'expérience patriotique des soldats exemplaires comme Assimi Goïta, Ibrahim Traoré, Mamadi Doumbouya, Abdourahamane Tchiani. Avant eux, il y a eu des héros et des martyrs comme feu Thomas Sankara, feu Mouammar Kadhafi. Ces derniers ont accompli des tâches historiques inoubliables. Ils ont laissé des héritages socio-politiques, économiques, idéologiques et philosophiques de très grande valeur. Jusqu'à ce jour, ils demeurent des monuments, des icones gravés à jamais dans l'esprit et le cœur de l'humanité. Ils ont osé se dresser contre l'impérialisme et le néo-colonialisme prédateurs, esclavagistes. Ils ont voulu refaire l'Afrique, la libérer, faire renaître sa grandeur et sa puissance d'antan. Leur idéal commun était de créer les Etats unis d'Afrique. Ils étaient des panafricanistes visionnaires et combatifs. Ils rêvaient d'un monde meilleur et salutaire pour toute l'humanité. Cela s'appelle aujourd'hui le monde multipolaire. C'est pour la création de ce monde idéal que se battent tous les peuples dégoûtés et révoltés par le monde unipolaire actuel. Tous les jeunes soldats africains qui prennent le pouvoir dans leurs pays rêvent de ce monde et tissent des liens de coopération multilatérale avec la Russie et les Brics qui ont allumé ce feu d'espérance. C'est le retour en force de la guerre froide qui risque de déboucher sur la troisième guerre mondiale. Appelons ça simplement la révolution mondiale. Au moment où nous écrivons ces lignes, se tient un grand sommet international à Saint Peters Burg intitulé « Le sommet Russie-Afrique ». Le discours prononcé à cette occasion par le capitaine Ibrahim Traoré, Président de la transition politique au Burkina Faso, est très significatif, très éloquent, révolutionnaire, anti-impérialiste, anti-néocolonialiste et progressiste. Cela confirme nos pensées quant à la révolution et à la renaissance en préparation dans le monde entier. Voici son discours : « Camarade Président Vladimir Poutine, camarades Présidents et Chefs d'Etat africains, Camarades Chefs de délégation, bonjour ! C'est un honneur pour moi de prendre la parole ici et de vous passer le salut fraternel du peuple du pays des hommes intègres. C'est aussi le lieu pour moi, avant tout propos, de rendre grâce à Dieu, le tout puissant qui nous a permis de nous réunir ici ce matin en bonne santé pour parler de l'avenir et du bien-être de nos peuples.

Je voudrais m'excuser auprès des aînés que je pourrai vexer dans mes propos à venir. Africanité oblige, le droit d'aînesse oblige, je me dois de m'excuser.

Camarades, J'ai quelques questions de ma génération. Mille et une questions qu'on se pose. Mais nous n'avons pas de réponse. Il se trouve qu'ici nous pouvons laver notre linge sale parce qu'on se sent en famille. On se sent en famille en ce sens que la Russie est aussi une famille pour l'Afrique. C'est une famille parce que nous avons la même histoire. La Russie a consenti d'énormes sacrifices pour libérer le monde du nazisme pendant la seconde guerre mondiale. Les peuples africains, nos grands-pères, ont été déportés de force aussi pour aider l'Europe à se débarrasser du nazisme. Nous partageons la même histoire en ce sens que nous sommes les peuples oubliés du monde. Que ce soit dans les livres d'histoire, dans les documentaires ou films, on tend à balayer le rôle prépondérant qu'ont joué la Russie et l'Afrique dans cette lutte contre le nazisme. Nous sommes ici pour parler de l'Avenir de nos peuples, de ce qui va advenir demain, de ce monde auquel nous aspirons, de ce monde sans ingérence dans nos affaires internes.

Nous avons les mêmes perspectives, et je souhaite que ce sommet soit l'occasion de pouvoir tisser de très bonnes relations en vue d'un meilleur avenir pour nos peuples ». Pendant cette période de sommet d'Afrique-Russie a lieu un coup d'Etat, un putsch, au Niger. Le Président Mohamed Bazoum, grand vassal de la Françafrique, du néo-colonialisme et de l'impérialisme occidentaux vient d'être renversé. Cela s'est passé le 26 juillet 2023. La révolution et la renaissance mondiales sont très contagieuses. Elles contaminent facilement les pays possédant des soldats responsables, patriotes.

8

L'idéologie Politique Des Brics

Le concept de Brics nous renvoie à l'union créée en 2006 par cinq pays révolutionnaires. Ces pays sont le Brésil, la Russie, l'Inde, la Chine et l'Afrique du Sud. Quel est le but des Brics ? Quels sont les problèmes qu'ils veulent résoudre ? Quelles sont les valeurs qu'ils défendent ? Le but global des Brics est de combattre le mal que représentent la domination, l'esclavagisme, le colonialisme et l'impérialisme occidentaux. Les Brics luttent contre le G7. Le G7 a mis le monde, l'univers, la nature, l'humanité et la civilisation en danger (désordre, guerres, prédation, déshumanisation, chaos). Les Brics visent à construire un ordre mondial normal, conforme aux valeurs et aux lois cosmiques, naturelles et civilisationnelles. Ils se battent pour rétablir les droits et les principes dont dépendent le bonheur et le salut de l'humanité. Ces droits et principes sont l'équilibre, l'ordre, l'harmonie, la solidarité, la fraternité, la justice, l'égalité, la liberté, la sécurité, l'union, la puissance dans le monde. Le combat des Brics conduit à la création d'une Nation Humaine Universelle. On dit que l'ambition (minimale) des Brics est d'accroître leur influence mondiale, d'être un contrepoids ou un poids supérieur à la puissance nuisible du G7. Ainsi les Brics représentent l'espoir sécuritaire de tous les pays qui ont souffert pendant des siècles d'un ordre international cynique, barbare qui les maintient dans la domination et l'humiliation. Les Brics constituent l'antithèse du G7 (USA, Canada, Royaume-Uni, Allemagne, France, Italie, Japon) comme axe du mal. Il se passe donc un combat entre Dieu et Satan, entre la Civilisation et la barbarie, entre l'humanité et les monstres, entre le jour et la nuit, entre les forces du bien et les forces du mal. Il s'agit de refaire, de reconstruire le monde que le G7 a mis très à mal, en décadence, en décomposition, en putréfaction accélérée. C'est un travail colossal, un travail herculéen, de la plus haute importance. Cela est vital. Il y va de l'avenir, du bonheur, du salut, de la paix, de la sécurité, de l'univers, de la nature, de l'humanité.

Le combat des Brics est un combat universel, un combat légitime, juste et nécessaire à la survie du monde entier. Cela nous mènera peut-être à la troisième guerre mondiale comme guerre de civilisation et des valeurs. Tous les moyens et toutes les armes seront utilisés. Il n'y aura pas de choix à faire. Nécessité oblige et fait loi. Moyen implique droit ici, en cas de besoin absolu. Aux grands maux, on emploie les grands remèdes. La guerre avec les armes nucléaires est ainsi à nos portes. Nicolas Machiavel a dit : « la guerre est juste pour qui elle est nécessaire et saintes en sont les armes lorsqu'il n'y a plus aucun recours qu'à elles ». Et nous y voilà à présent. C'est la révolution et la renaissance mondiales. Notre planète, l'univers, la nature, l'humanité et toutes les valeurs positives sont en péril. Le feu qui est présentement allumé en Ukraine, s'il n'est pas éteint à temps, servira de base ou de prétexte idéal au pire, à la catastrophe que nous ne souhaitons point. Ce pire ou cette catastrophe, c'est la fin de l'humanité et du monde par l'emploi des armes nucléaires. Le face à face entre le G7 (OTAN) et le G5 (Brics) est déjà engagé. Il va continuer en s'amplifiant jusqu'à la catastrophe que nous redoutons et condamnons. Chaque pays se trouve dans un camp ou dans l'autre. Les pays africains animés de patriotisme soutiennent les Brics contre le G7, le camp de leurs bourreaux impérialistes, esclavagistes, néo-colonialistes. Le récent sommet Afrique-Russie l'a démontré. Nous ne sommes plus à l'époque où les peuples africains ont été utilisés de force, arbitrairement, et injustement par les puissances négrières dans leurs guerres mondiales. La donne a maintenant changé. Les Africains s'offrent de plus en plus le droit et la liberté de choisir ce qui leur est utile, les guerres qui leurs sont profitables. Ils manifestent l'esprit de discernement. Ils aiment les peuples qui les aiment, se mettent honnêtement, courageusement, raisonnablement de leurs côtés et combattent leurs ennemis, leurs bourreaux impénitents. Le non-alignement comme idéologie des lâches et des hypocrites n'existe plus dans l'Afrique dominée par le panafricanisme, l'afrocratisme et l'afrocentrisme. L'heure actuelle est à la bravoure, à l'héroïsme défiant, triomphant et victorieux en Afrique. L'Occident ne peut plus vendre ses illusions et ses mensonges aux pays africains devenus révolutionnaires. Son commerce trompeur, malhonnête de démocratie, de droits de l'homme, d'Etat de droit, de république, de liberté, d'égalité, de fraternité mensongers ne prospère plus en Afrique. L'Occident est plutôt démystifié et démythifié. Le roi est maintenant nu. Il est tout nu et honteux. Il est hué, insulté et chassé comme un malpropre de l'Afrique révolutionnaire dirigée par des soldats patriotes et panafricanistes. A bas le pacte colonial, la charte de l'impérialisme, le code noir ! La justice cosmique, maâtique, kémitique est en marche. Elle répare tous les torts, tous les désordres, punit les fautifs, les méchants. Elle impose ses lois immuables, omniprésentes, omnipotentes qui instaurent l'ordre juste, la solidarité, l'union, la fraternité, l'équilibre, l'harmonie. La justice cosmique et maâtique a horreur de la méchanceté, du mal, du désordre, du déséquilibre, de la dysharmonie, de la barbarie, de la destruction, du pillage. Elle condamne les illusions, les préjugés, les mensonges, les fictions politiques et géopolitiques de l'Occident comme démocratie, Etat de droit, république, ONU…Sachons que l'idéologie politique des Africains et des Brics est opposée à celle de l'Occident. Elle n'est point la démocratie qui est une illusion macabre, funeste aux conséquences catastrophiques comme outil de chantage, de démagogie, de domination, de prédation, de colonisation, d'esclavagisation. L'idéologie politique des Africains est la maâtocratie. Elle est en conformité avec l'énergie cosmique, naturelle, primordiale (voir Le Livre des morts des Egyptiens).

9

La Résurgence De La Guerre Froide Ou Le Sens De La Vie

Qu'est-ce que la guerre froide ? La guerre est, d'ordinaire, un conflit armé qui oppose deux groupes, deux pays et qui entraîne beaucoup de pertes en vie humaine et des dégâts matériels importants. Comment la guerre peut-elle être froide ? Il faut savoir que la guerre dite froide est un phénomène spécial dans l'histoire. Cela peut se décrire comme la rivalité idéologique et géopolitique entre les USA, centre du capitalisme, et l'URSS, centre du communisme. C'est la concurrence très sévère entre le bloc capitaliste et le bloc communiste. Cela procède par des coups d'Etat et des guerres entre les pays qui sont dans les deux blocs antagoniques sur tous les continents. Aujourd'hui, il y a un regain d'intensité au niveau de la tension qui oppose Moscou et Washington. La Russie du Président Vladimir Poutine, comme héritière de l'URSS, continue la lutte d'influence et de puissance contre les Etats-Unis d'Amérique. D'aucuns disent que la Russie venge la défaite de l'URSS ou refuse de se laisser avaler, dévorer par l'Amérique. L'instinct de vie et l'orgueil obligent. La volonté de se sécuriser, de se défendre, de se conserver oblige. Ainsi on est passé successivement du monde bipolaire au monde unipolaire (avec la disparition de l'URSS) puis au monde bipolaire à nouveau. Maintenant, l'humanité aspire à un monde multipolaire comme monde idéal. Tel est le sens de l'évolution géopolitique et historique du monde. Toutes les guerres et tous les coups d'Etat actuels rentrent dans cette dynamique. Peut-on mettre fin aux dualités, aux tensions, aux conflits, aux guerres dans le monde ? Non. En effet, tout bouge. Tout se transforme. Toute stabilité est précaire, illusoire. Le monde est dominé et construit par des rapports de force. Il est dynamique. Il n'est point statique, figé. Telle est l'essence du monde et de la vie. L'univers dans lequel nous vivons est fait d'énergie. Tout est énergie. Cette énergie vibre à une grande fréquence. Et cela provoque les dégradations, les changements, les destructions, les reconstructions, les morts, les renaissances, les modifications, les progrès, l'amour, la haine, la paix, la guerre, la sécurité, l'insécurité, le bonheur, le malheur, la grandeur, la petitesse, la puissance, la faiblesse, l'équilibre, le déséquilibre, l'harmonie, la dysharmonie etc. Tout cela fait partie de l'ordre naturel, cosmique, humain. Nos défauts, nos qualités, nos vices et nos vertus viennent de là. Leur source commune est le mouvement de l'énergie cosmique, la vibration énergétique.

La révolution mondiale est toujours en marche. Cela est cosmique, naturelle, humaine. C'est nécessaire. C'est conforme à la nature profonde des choses et de la vie. Nous subissons les lois impitoyables de l'évolution universelle. Tous les actes que nous posons vont dans ce sens. Ainsi nos sentiments, nos idées, nos pensées, nos passions, nos désirs, nos ambitions, nos souhaits, nos rêves. Tout est expression de la révolution mondiale comme vibration de l'énergie cosmique. Ainsi il y aura toujours la vie, la mort, le jour, la nuit, la bonté, la méchanceté, la jeunesse, la vieillesse, la diversité humaine, animale, végétale, climatique, la multiplication infinie des choses, des êtres, des situations. Ce que nous savons du monde n'est pas tout ce qu'il y a à savoir. Ce qu'il y a à savoir est infini. Cela dépasse notre capacité de penser et de connaître. Notre puissance et notre pouvoir sur le monde et les choses sont insignifiants. Nous nous ventons. Nous ignorons l'essentiel. Nous n'agissons pas. Nous sommes agis, manipulés, dominés. Notre science et notre technologie sont encore balbutiantes, primaires. Mais nous nous en servons pour nuire à autrui. Chaque jour, quelqu'un découvre une loi cosmique ou invente quelque chose et l'on s'en sert pour faire du mal aux autres dans la dynamique d'hégémonie et de prédation. Ainsi la guerre froide et les guerres chaudes s'enchaînent et gagnent de l'intensité. Nous allons vers la catastrophe mondiale. Le présent réchauffement de notre planète est dû à notre volonté de puissance, de destruction, de prédation. Cela est dû à notre gourmandise, à notre inconscience, à notre manque de responsabilité. C'est le fait des fausses puissances, des satanistes et des démons dévastateurs. C'est le fait des oligarques, des ploutocrates capitalistes insatiables, cupides, rapaces, voraces qui dirigent le monde vers le chaos. Leurs industries fabriquant les armes de destruction massive, les virus pathogènes, les médicaments et les vaccins mortifères et stérilisants fonctionnent toujours en Ukraine et ailleurs. Le terrorisme biologique, bactériologique, géopolitique, religieux, continue allègrement sur la terre au nom des intérêts des plus puissants, des plus riches, des impérialistes, des néo-colonialistes, des prédateurs. Ebola, SIDA, Corona virus et autres ne sont pas encore oubliés que d'autres maux arrivent parce que les méchants ne démordent pas. Ils sont très têtus et déterminés à détruire le monde, à tuer, à diminuer la population de la terre, à dominer l'humanité. Ils suppriment la civilisation, imposent leurs lois sataniques, franc-maçonniques (LGBT, LOIS BIOTIQUES). Emmanuel Macron, Bill Gates, Rockefeller, Rothschild, la royauté anglaise, Jacques Attali, George Soros, Klaus Schwab et autres sont encore vivants et toujours très méchants. Ils continuent de faire le destin du monde. Ils manipulent l'humanité dans tous les sens. Ils font la pluie et le beau temps. La technologie, la science, la presse, la médecine, les hôpitaux, les pharmacies, les banques leur appartiennent. Ils sont les maîtres et les propriétaires de tout sur la terre. Tout le monde est à leurs ordres sauf quelques individus éclairés, conscients, révolutionnaires qu'ils considèrent comme des complotistes, c'est-à-dire leurs victimes insoumises, rebelles.

La guerre froide est le pilier central de la révolution, de la renaissance et de la troisième guerre mondiales. Tout pays (ou groupement de pays) qui déclare la guerre à un pays révolutionnaire, comme le Mali, a déclaré la guerre à tous les pays révolutionnaires du monde. Le coup d'Etat militaire du Niger, qui a eu lieu le 26 juillet 2023, suscite des réactions hostiles des pays qui sont des valets et des amis des impérialistes. Ainsi les pays membres de la CEDEAO, de l'UEMOA, de l'Union Africaine, qui soutiennent la françafrique, l'impérialisme et le néo-colonialisme, ont décidé de faire la guerre aux autorités nigériennes, putschistes, révolutionnaires. Après avoir pris des sanctions criminelles, inhumaines et injustes contre le Niger dans l'espoir de faire échouer sa révolution et sa renaissance, ces organisations sociales, politiques et économiques fantoches (trahissant l'Afrique et le panafricanisme) ont annoncé leur intention macabre d'aller renverser le gouvernement nigérien révolutionnaire afin de remettre le Président déchu, M. Mohamed Bazoum, complice des impérialistes, au pouvoir. Cela a provoqué l'indignation et l'hostilité des gouvernements panafricanistes et solidaires du Niger. Tous affichent leur volonté de faire la guerre à toutes les organisations qui s'aventureront dans la guerre contre le Niger. La guerre froide fait du chemin en Afrique. La révolution mondiale s'exprime ici. Ainsi les Brics ont décidé de soutenir financièrement le Niger qui voit son argent bloqué et confisqué par la CEDEAO et l'UEMOA. La solidarité des Brics s'exprime dans la guerre froide, dans la révolution mondiale suivant les lois de la Maât : vérité, justice, solidarité, équilibre, harmonie, bonheur, paix, sécurité, fraternité, amour. Les panafricanistes et patriotes africains crient haut et fort leur colère, leur rage partout : « A bas la France ! A bas l'injustice ! A bas l'arbitraire ! A bas la barbarie ! A bas l'impérialisme ! A bas le néo-colonialisme en Afrique et dans le monde ! ».

10

La Troisième Guerre Mondiale

Après les deux guerres mondiales qui ont coûté trop cher au monde, l'humanité, dans son ensemble, ne souhaite plus vivre de guerre mondiale. Même pas en songe, sous forme de cauchemar. Les nations civilisées s'y opposent farouchement. Nous disons bien les nations civilisées. Car, malheureusement, les nations non civilisées, barbares, sauvages, sont toujours dans la voie de la troisième guerre mondiale. C'est leur raison d'être et leur raison de vivre. Elles aiment tuer, détruire, massacrer. Cela leur est très profitable, très utile, très intéressant. En tant que prédatrices, impérialistes, colonialistes et néo-colonialistes, elles ont l'habitude de pêcher en eau trouble et de prospérer dans les malheurs et les conflits qu'elles créent, entretiennent et financent à grands frais partout. Ainsi l'Ukraine, la Libye, la Côte d'Ivoire, le Liberia, la Sierra Leone, la Yougoslavie, le Rwanda... Elles ont l'habitude de gagner leurs pitances dans le désordre et le chaos. La guerre froide, les coups d'Etat et la troisième guerre mondiale larvée vont dans le sens de la révolution et de la renaissance mondiales. La troisième guerre mondiale sera provoquée par la rivalité et les conflits entre le G7 et le G5. Ce sera un affrontement direct entre ces deux blocs qui s'agitent, se défient et se guettent. Les Brics ne veulent plus se laisser dominer, esclavagiser, coloniser, piller, mépriser, insulter, agresser par le bloc otanien. Ces deux blocs sont aujourd'hui au face à face. Ils se regardent en chiens de faïence. La moindre étincelle fera des flammes gigantesques qui brûleront le monde entier. Un petit prétexte donnera le coup d'envoi de la troisième guerre mondiale dans la dynamique géopolitique et géostratégique internationale actuelle.

Nous sommes dans une paix très précaire qui cache très mal la troisième guerre mondiale larvée. Les facteurs psychologiques, géopolitiques et géostratégiques sont déjà réunis : haine, colère, arbitraire, injustice, violation du droit international, de la morale universelle, agressions, conflits, nouvelles alliances, révoltes, accusations mutuelles des blocs belligérants et des protagonistes, concurrence en armement ou en surarmement (Ukraine, Russie, Chine, USA). Tout cela prouve clairement que la troisième guerre mondiale est hypocritement lancée ou qu'elle est au premier étage. Elle sera accélérée plus tard. Elle passera au galop. Elle atteindra le plafond. Avec quels moyens ? Avec quels types d'armes ? Les armes nucléaires, qui sont des armes dissuasives, seront-elles utilisées ? Si oui, par quel camp ? Par le G7 ou par les Brics ? La question d'armes se pose avec acuité. C'est la plus importante, la plus inquiétante et la plus angoissante. Sur cette question, la curiosité du monde entier est à son paroxysme. C'est très préoccupant. On se souvient encore des tragédies génocidaires de Hiroshima et de Nagasaki lors de la deuxième guerre mondialisée. Des Japonais souhaiteraient-ils ou accepteraient-ils qu'il y ait Nagasaki et Hiroshima bis dans leur histoire nationale ? C'est impensable. C'est un trop mauvais souvenir historique ineffaçable de leur conscience et de leur mémoire collectives et nationales. Et puis, aujourd'hui est très différent de 1945. Les armes de guerre actuelles sont infiniment plus dangereuses, plus nuisibles, plus sophistiquées, plus perfectionnées que les bombes atomiques utilisées contre le

Japon en 1945 par les USA. Une guerre mondiale aujourd'hui se fera uniquement par l'intelligence artificielle, par la science et la technologie interposées. Elle se fera à distance, par l'emploi des missiles chargés de nucléaire et d'autres armes de destruction massive insoupçonnées, biologiques, chimiques, bactériologiques etc. La terre entière disparaîtra avec ses habitants. Alors peut-on s'amuser à utiliser ces armes apocalyptiques quelle que soit la situation ? C'est difficilement pensable. Les belligérants et les protagonistes réfléchiront plusieurs fois avant de s'engager dans l'emploi des armes qui anéantiront l'humanité et détruiront la terre entière avec tous ses êtres (homme, animal, végétal, gaz, minéral, eau...). La Russie, les Brics, les USA, le G7 n'ont pas intérêt à le faire. Ils n'ont aucune envie de se suicider, de se supprimer quels que soient les virus mentaux qui les attaquent et les dévorent (haine, colère, méchanceté, jalousie, rivalité, concurrence, égoïsme, cupidité, rage, esprit de vengeance, ressentiment, égocentrisme, volonté de domination, de prédation, de puissance, orgueil, vanité, intolérance, racisme, ignorance. Moyen n'implique pas droit.

Le G7 est un bloc belliqueux, prédateur, impérialiste, esclavagiste, colonialiste. Il est très dangereux, très nuisible, très cynique et très sadique. Il est capable de tous les crimes contre l'humanité et le monde. Il est absolument immoral, abject, satanique. C'est un groupe de tueurs, de pilleurs, de menteurs, de voleurs, de brigands qui opèrent sur tous les cinq continents. C'est un groupe de conquérants, de mafieux qui se sont rendus maîtres et possesseurs de tous les biens, de toutes les richesses de la terre. Ce groupe a une soif très ardente et implacable pour la surabondance, le luxe, l'opulence. Telle est la cause fondamentale de son expansionnisme légendaire et belliqueux. Il est psychologiquement, moralement et historiquement le contraire de ses adversaires, les Brics, qui sont composés de moralisateurs, d'humanistes et de sages. Tous les peuples de la terre ont été, à un moment donné, victimes du G7 composé de tous les bourreaux du monde. C'est pourquoi la guerre entre le G7 et les Brics sera très âpre et très longue. Le G7 doit des réparations, des dédommagements et des excuses aux Brics comprenant les Africains, les Amérindiens, les Indiens, les Asiatiques, les Australiens, les Océaniens etc. Le G7 doit faire amende honorable, son mea culpa et se réconcilier avec toutes ses victimes dans le monde entier. Il doit se laisser discipliner et civiliser. Il doit abandonner sa barbarie, sa violence, sa dictature, son mépris, son arrogance, son hégémonie envers ses victimes. Telle est la condition minimale de la sécurité, de la paix, de la fraternité, de l'équilibre, de l'harmonie et de la justice dans le monde. Cela permettra de bâtir un ordre égalitaire et salutaire pour tous. L'avenir du monde entier en dépend. Il faut changer la mentalité du G7 pour sauver le monde. La troisième guerre du monde est en train de couver. Elle existe sous forme de larve. Nous devons l'empêcher de voir réellement le jour, de s'éclater aux yeux du monde. Maintenons-la toujours sous cette forme de larve ou de projet comme idée régulatrice qui doit garantir un ordre viable, sécurisé, équitable, équilibré, harmonieux. Son spectre, comme l'épée de Damoclès, planant au-dessus de nos têtes, doit nous contraindre à la sagesse, au respect de la droiture, des valeurs ascétiques. Ainsi nous devons nous mettre à l'école de la déesse égyptienne Maât. Cela nous oblige à nous soumettre aux lois maâtiques de vérité, justice, solidarité, harmonie, équilibre, union, discipline, honnêteté, compassion, empathie. L'énergie cosmique doit nous diriger vers cette voie de notre bonheur et de notre salut. La troisième guerre mondiale ne doit jamais avoir lieu comme une guerre-réalité mais toujours comme une école de morale, de civilisation, de droit et de spiritualité-sagesse. Elle doit fonctionner dans notre esprit comme une somme de valeurs, d'idéaux indispensables à la vie humaine. Il faut qu'elle demeure un pur formalisme idéologique, une fiction politique et métaphysique. Laissons les dieux et les démons la faire à notre place. Jetons toutes nos armes létales à la poubelle. Là se trouveront notre force, notre puissance, notre sagesse, notre grandeur, notre prospérité, notre progrès, notre vrai développement humain, qualitatif et quantitatif, notre réussite totale. L'humanité, la civilisation et la vie seront ainsi préservées, sauvegardées par et pour une paix perpétuelle. L'homme doit surmonter et transcender son côté satanique, diabolique, luciférien pour accéder à la surhumanité et à la déité qui constituent sa destination finale. Accédons tous au rang de l'Homme Supérieur. Quittons la boue, la gadoue et la poubelle qui constituent nos prisons honteuses. Quittons nos dualités et nos conflits divers pour créer notre paradis terrestre ou un nouveau monde et une nouvelle humanité sublime, dignes de notre espérance d'homme pensant et libre. Fuyons nos passions vulgaires, nos instincts belliqueux, nos fanatismes aveuglants, humiliants, rapetissants, avilissants, destructeurs.

Troisième Partie

LES AVANTAGES DE LA REVOLUTION ET DE LA RENAISSANCE MONDIALES

11

La Justice Dans Les Relations Internationales

Qu'est-ce que la justice dans les relations internationales ? A quoi sert-elle ? Quelle est son utilité ? Quel est son intérêt ? Quelle est son importance ou sa valeur pour l'humanité ? La justice internationale consiste dans le fait que toutes les nations au monde soient égales entre elles en jouissant des mêmes droits, de la même condition, des mêmes libertés, de la même dignité, de la même respectabilité. La justice est le caractère du rapport entre les nations qui se considèrent comme étant égales entre elles. La justice exclut donc le rapport de force, de domination, de subordination ou rapport vertical. Elle est plutôt un rapport horizontal entre les pays. La justice internationale s'oppose à l'oppression, à l'esclavagisation, à la colonisation de certains pays par d'autres pays se considérant plus forts, plus puissants, plus riches, plus développés scientifiquement, technologiquement, économiquement, militairement, socialement, culturellement. Tout rapport qui permet à certaines nations de mépriser, d'exploiter, d'agresser et d'envahir d'autres qu'elles considèrent comme faibles, impuissantes, pauvres, dépendantes, non souveraines, vassales, est un rapport injuste et dangereux. C'est un rapport vertical. C'est ce type de rapport qui existe entre les nations du Nord (G7, monde) et les nations du Sud (tiers-monde, pays sous-développés, pays en voie de développement, pays émergents). C'est un rapport de dominateur à dominé, de maître à esclave. C'est ce qui se passe dans le monde unipolaire et qui entraîne la révolution et la renaissance mondiales. L'injustice se manifeste par la méchanceté, la violence, l'arbitraire, le désordre, la barbarie, l'indiscipline qui caractérisent les nations prédatrices, les bourreaux, les impérialistes, les esclavagistes et les colonialistes -néocolonialistes. L'injustice entre les nations constitue la somme des maux dont souffre la majorité des nations. C'est le MAL. Son contraire, la justice, représente le BIEN auquel la plupart des peuples aspirent. La justice crée une atmosphère morale, positive, consistant dans le respect de tous les biens et de tous les droits de chaque nation de telle sorte que tous les pays soient égaux en droits, en dignité, en grandeur, en prospérité, en puissance.

La justice entre les nations exige que le monde soit très bien organisé sur des bases morales, éthiques. Il s'agit de détruire les défauts, les vices et les maux comme faiblesse, petitesse, impuissance, pauvreté, misère, souffrance, sous-développement, « tiers-mondialité ». Qui a besoin de justice et comment peut-il l'obtenir ? Quelles sont les conditions de la justice dans les relations internationales ? Considérons le cas des pays du tiers-monde dans leurs relations géopolitiques, géo-économiques et géostratégiques avec l'Occident. Il est évident que les nations qui ont besoin de justice dans leurs rapports aux autres sont bien sûr toutes les nations au monde qui vivent sous la domination, la prédation, l'oppression, l'exploitation des puissances occidentales. Ce sont les nations faibles, esclavagisées, colonisées et néo-colonisées par l'Occident. Ce sont ces pays qui luttent, se plaignent et se révoltent aujourd'hui. Il s'agit de tous les pays du Sud, du tiers-monde et, en particulier, des pays africains. Ainsi le Mali, le Burkina Faso, la Guinée Conakry, le Niger, le Gabon et la Centrafrique. Ces pays sont en révolution contre la France pour leur décolonisation, leur indépendance, leur souveraineté, leur autonomie, leur autodétermination. Ils veulent être libres, maîtres de leur destin, propriétaires de leurs biens, de leurs richesses, de leurs ressources naturelles, humaines, minières. En effet, depuis des siècles, ces pays sont soumis aux quatre volontés de la France impérialiste, esclavagiste, colonialiste et néo-colonialiste (voir le pacte colonial, le code noir, la charte de l'impérialisme). La France s'est rendue propriétaire de 15 pays africains dont dépendent son économie et son existence. Ce sont ses biens propres et privés. Ces 15 colonies-néocolonies françaises n'ont point le droit de se développer, de refaire leur histoire, de prospérer économiquement, socialement, politiquement, culturellement, de créer ni d'inventer quoi que ce soit pour elles-mêmes. La France contrôle, exploite et gère tout dans ses colonies-néocolonies pour ses intérêts propres. Elle est omniprésente et omnipotente avec son armée, ses mercenaires et ses terroristes dans toutes ses colonies-néocolonies pour les empêcher de vivre en paix, en sécurité, heureuses, en harmonie, en liberté, en prospérité. Elle les empêche de s'industrialiser, d'exploiter et de transformer sur place leurs très nombreuses matières premières et leurs produits agricoles. Elle leur interdit de les vendre à d'autres pays. Tout lui appartient en propre. Elles sont expropriées, dépouillées. La France leur a imposé en toute injustice et en tout arbitraire une monnaie nazie dénommée le franc des colonies françaises d'Afrique (FCFA). Elle les pille et les vole avec cette pseudo-monnaie non utilisable en France où elle est fabriquée. C'est le comble de l'injustice, de l'arbitraire, de la cruauté, du cynisme, de la barbarie, de la violence, de l'hégémonie impérialiste et prédatrice.

Ainsi ces colonies-néocolonies françaises d'Afrique sont condamnées à végéter. Elles sont condamnées à la pauvreté, à la misère et au sous-développement ad aeternam vitam. La France les étouffe et leur fait toujours la guerre afin de les maintenir sous sa domination impérialiste. C'est du parasitisme et de la prédation économiques multiséculaires, sans scrupule, sans vergogne. Cela est diabolique, révoltant et inacceptable. Cela explique la révolution présente au Mali, au Burkina Faso, au Niger, en Guinée Conakry, en Centrafrique, au Gabon. Ainsi leurs Présidents patriotes et panafricanistes (que sont Assimi Goïta, Ibrahim Traoré, Mamadi Doumbouya, Abdourahamane Tchiani) ont pris le chemin de la révolution et de la renaissance mondiales. « La patrie ou la mort, nous vaincrons ! », crient-ils à l'unisson. C'est très motivant et très admirable. D'autres putschs sont imminemment attendus. Le train des putschs révolutionnaires visitera inmanquablement tous les pays africains. Cela fait partie intégrante du combat global et mondial des Brics pour la création d'un monde salutaire, multipolaire. Quelles sont les conditions objectives de la justice dans les relations entre les nations de ce monde unipolaire que dirigent les oligarques prédateurs et criminels ? Pour sauver le monde de la catastrophe, il faut remplacer l'injustice par la justice, le mal par le bien dans les relations internationales, dans les relations entre le Nord et le Sud, entre le G7 et les Brics, entre le monde et le tiers-monde, entre les bourreaux et leurs victimes. Chaque peuple doit prendre conscience des laideurs et des réalités dangereuses de ce monde unipolaire. Il doit opérer son coup d'Etat patriotique et sa révolution salutaire. Il doit vouloir sa renaissance par la lutte et rejoindre immédiatement les Brics. A cet effet, les modèles exemplaires à imiter sont nécessairement le Mali du colonel Assimi Goïta, le Burkina Faso du capitaine Thomas Sankara et du capitaine Ibrahim Traoré, le Niger du général Abdourahamane Tchiani, la Guinée du colonel Mamadi Doumbouya etc. Aux armées patriotiques et nationalistes d'effectuer ce travail révolutionnaire pour le salut de l'humanité. Il faut faire de plus en plus de coups d'Etat populaires, patriotiques, panafricanistes en Afrique exigeant la justice, la libération, la décolonisation, la souveraineté, l'indépendance, l'auto-détermination et la renaissance de l'Afrique et du monde entier. Cela n'est point facile. Car les bourreaux, les prédateurs, les colonialistes, les esclavagistes et les néo-colonialistes sont très rusés, très malins, très méchants. Ils ne démordent pas. C'est de bonne guerre. Ils continuent de faire la guerre à toutes leurs proies, à toutes leurs victimes, à tous leurs vassaux qui veulent s'affranchir de leur domination et de leur système prédateur, génocidaire, infernal.

Leurs coalitions multiples dénommées OTAN, ONU, G7, Union européenne, Union africaine, CEDEAO, UEMOA, Banque Mondiale, Fonds Monétaire International, OMS, OMC. etc. combattent, massacrent leurs proies rebelles, résistantes. Ce fut, par exemple, le cas en Libye, au Liberia, en Sierra Leone, en Côte d'Ivoire, au Cameroun, en Algérie, au Soudan, au Tchad, en Ethiopie, en Somalie, au Congo, en RDC, en Irak, à Madagascar, en Guinée Conakry, en Yougoslavie, en Chine, au Vietnam, en Corée du Nord, au Japon, à Cuba, au Venezuela, en URSS, aux USA, en Inde, en Afrique du Sud etc. L'histoire et l'expérience de ces pays prouvent bien que par la guerre, nous pouvons amener nos bourreaux à respecter nos droits fondamentaux, à savoir l'existence, la liberté, la paix, la sécurité, le bonheur, la prospérité, la puissance, la souveraineté… Retenons que la victoire sur un bourreau s'obtient par la lutte féroce et le courage héroïque. Les pays encore dominés, esclavagisés, colonisés, néo-colonisés n'ont qu'une voie à suivre pour se faire justice, pour se faire respecter, pour se défendre contre leurs bourreaux : c'est faire la guerre et gagner cette guerre. La guerre est juste pour qui elle est nécessaire. Saintes en sont les armes. Se défendre, c'est se battre. Se battre, c'est attaquer et vaincre l'adversaire ou l'ennemi. Nous avons appris cela à l'école de Kung fu.

12

La Fraternité Entre Tous Les Peuples Du Monde

Avons-nous besoin de nous aimer entre nous comme des frères en humanité ? Oui. Tout comme les nations et les peuples ont besoin de s'aimer entre eux. Pourquoi ? Parce que cela amène la paix et la sécurité dans le monde. Le contraire (la haine) est dangereux. C'est destructeur. Là où il n'y a pas le sentiment ou le rapport de fraternité et d'amour, il y a la violence et la méchanceté suscitées par la haine, l'injustice, l'arbitraire. La vie des hommes et des nations n'est réellement heureuse, prospère et salutaire que si elle est basée sur l'amour et la fraternité que les uns doivent éprouver envers les autres et vice versa. Jusqu'à ce jour, il n'y a pas de fraternité ni d'amour réels entre les peuples et les nations de ce monde. Cela explique tout le mal que nous voyons sur la terre. Tous les peuples et toutes les nations se regardent en chiens de faïence. Ils sont comme des crabes enfermés dans un panier. Les plus forts agressent, violentent, détruisent, anéantissent les faibles. C'est bien là le spectacle très attristant auquel nous assistons dans le monde.

Cela s'appelle rapport de force, rapport de maître à esclave, rapport de dominateur à dominé. C'est ce que donnent à voir et à penser les guerres, les génocides, les prédations, l'impérialisme, le colonialisme, l'esclavagisme. C'est ce que dévoilent les comportements violents, cyniques, barbares des Occidentaux envers les autres peuples. L'existence, par exemple, de l'OTAN, du G7, des Brics comme organisations et alliances pour combattre les autres, pour faire la guerre et nuire aux autres est épouvantable. Cela confirme ce que nous disons. Il n'y a pas de fraternité ni d'amour entre les nations. Il n'y a que rivalité, concurrence, tension, lutte d'influence, de domination, de conquête, de soumission, d'exploitation, de prédation, d'intérêt.

Les oligarques, ploutocrates, capitalistes sont les bourreaux des prolétaires, des faibles. Le Général de Gaulle a dit qu'il n' y a pas d'amitié entre les Etats mais des intérêts à défendre. Cela est vrai. C'est très évident. Nietzsche, Hegel, Karl Marx et tous les philosophes de l'histoire réalistes ont dit cela. La volonté de puissance est un penchant ou un instinct de mal, d'agression, d'occupation, de prédation. C'est l'attitude des bourreaux, du Nord, du G7 contre le Sud, le tiers-monde, les Brics. La volonté de puissance, c'est l'instinct de mort. C'est Thanatos. C'est le caractère des bêtes blondes et des oiseaux de proie qui détruisent le monde et l'humanité. Nietzsche dit que c'est le propre des Préaryens, ses ancêtres allemands nazis. Ah le nazisme ! Ah le néonazisme ! Ah l'holocauste ! Le racisme nazi voulait exterminer les Juifs et les Noirs. A bas la théorie de la race pure et supérieure aryenne ou blanche ! A bas la raciologie mensongère ! A bas la négrophobie! La biologie et la génétique proprement scientifiques ont prouvé que la race supérieure, la plus puissante et la plus résiliente est la race possédant la mélanine à gogo. Il s'agit bien sûr de la race noire. Si les autres races avaient subi tout ce qu'elles ont fait subir à la race noire comme méchanceté, violence et cruauté, elles auraient disparu de la terre. C'est une vérité scientifique et historique. Nietzsche qualifie ses ancêtres préaryens d'aristocrates guerriers, belliqueux, violents, barbares, cruels, massacreurs, prédateurs. Il les glorifie. Ce sont ses modèles d'homme. Pour Nietzsche, celui qui n'est pas Aryen est un esclave, un décadent, un nihiliste, un malade rempli de ressentiment, d'esprit de vengeance. Il doit disparaître de ce monde. Il mérite d'être tué car il est honteux et nuisible aux maîtres que sont les nazis ou Aryens. La morale des nazis ou morale aristocratique est opposée à la morale sacerdotale ou chrétienne. Pour Niezsche, le prêtre ascétique prêche une morale dangereuse, nuisible visant à détruire les idéaux et les valeurs aristocratiques, préaryennes. Ce dernier renverse les valeurs et le coup d'œil appréciateur au profit des faibles, des décadents, des malades, des esclaves. Il est nihiliste car il condamne la morale aristocratique, nazie, préaryenne. Il condamne les maîtres, les dominateurs, les bourreaux, les guerriers, les oiseaux de proie, les bêtes blondes. La morale chrétienne, sacerdotale, qu'il enseigne constitue un poison, un grand danger pour les maîtres, les forts, les nazis car elle honore, glorifie la faiblesse, la petitesse, la décadence, l'impuissance. Les forts, les dominateurs, les maîtres doivent abandonner leurs vertus, leurs avantages ou privilèges pour rejoindre leurs victimes, leurs contraires. Ils doivent se supprimer en faveur des mauvais, des jaloux, des êtres vindicatifs qui les traitent de méchants. Ainsi le prêtre ascétique enseigne l'humilité, la bonté, la justice, l'égalité, l'amour du prochain, la charité, la compassion, l'empathie, la liberté, la fraternité, la pitié, le renoncement, le don de soi, l'altruisme, l'abnégation etc. Ces vertus profitent aux esclaves au détriment des maîtres. Ce qui est juste et bon pour les esclaves est injuste et mauvais pour les maîtres. Les esclaves ont inventé les notions de BIEN (ce qui leur est utile) et de MAL (ce qui leur est nuisible). Quant aux maîtres, ils ont inventé les notions de bon (ce qui leur est utile) et de mauvais (ce qui les répugne). Nietzsche veut rétablir la justice en faveur des maîtres, des aristocrates, des bourreaux de l'humanité. Il veut transvaluer toutes les valeurs et encourager le maintien de la morale aristocratique. Hegel et Karl Marx ont une démarche contraire à celle de Nietzsche. Ces deux philosophes sont des avocats défenseurs des esclaves, des faibles, des dominés, des opprimés, des prolétaires. Karl Marx a lancé la révolution mondiale qui a détrôné les bourgeois, les oligarques capitalistes et a aboli leur régime dictatorial, oppresseur basé sur la domination et l'exploitation de l'homme par l'homme. La révolution prolétarienne a triomphé de la dictature bourgeoise capitaliste sur tous les continents. « Prolétaires de tous les pays, unissez-vous, changez le monde ! », a dit Karl Marx. Aujourd'hui, on dira : Victimes des bourreaux oligarques et sataniques du monde entier, unissez-vous et empêchez le G7, l'OTAN et l'Union européenne de détruire le monde, l'humanité, la civilisation et l'univers. Créons un ordre mondial qui garantira la sécurité, la paix, la justice, l'harmonie, l'égalité, la solidarité et le bonheur de tous les peuples. Créons un monde multipolaire pour la liberté, la fraternité, la prospérité, la grandeur, la puissance de toutes les nations de la terre. La philosophie socio-politique, l'humanisme et le moralisme des marxistes-léninistes ont raison de l'immoralisme nietzschéen qui célèbre et magnifie la barbarie, le cynisme, la méchanceté et glorifie le système nazi. Le monde a trop souffert et souffre encore de ce système diabolique et unipolaire. Nous ne voulons plus de dictature, d'impérialisme, de colonialisme, d'esclavagisme sur la terre. « Tous les hommes sont frères », a dit Mahatma Gandhi. Chaque révolutionnaire est responsable de toute l'humanité. Chacun est responsable de chacun. Chaque nation est responsable de toutes les nations. La fraternité est la première loi de la vie humaine. Elle doit être respectée par tous les hommes, tous les peuples et toutes les nations. C'est la fin ultime de la révolution et de la renaissance mondiales.

13

L'harmonie Dans Le Monde

A voir ce qui se passe aujourd'hui dans le monde, comme violences, guerres, méchancetés, tensions, conflits, divisions au sein de l'humanité, on doit se poser beaucoup de questions et s'inquiéter. Allons-nous vers la fin du monde, de la vie, de l'humanité ou y a-t-il espoir que les peuples et les nations puissent se réconcilier, s'entendre et vivre ensemble dans l'harmonie ? Le besoin d'harmonie se fait cruellement sentir. Pendant que les hommes, les peuples et les nations se battent entre eux, se détestent, se haïssent et se font la guerre, on constate que les uns ont cruellement besoin des autres et vice versa. On voit qu'ils veulent vivre en paix, en sécurité, en harmonie, dans la quiétude. C'est le paradoxe historique et cosmique. Le vivre ensemble sur la même planète (avec ses lois et ses contraintes) leur est imposé. C'est une loi primordiale, incontournable. Dura lex sed lex. Les humains, les peuples et les nations sont faits pour vivre ensemble comme les six cordes de la guitare. Ils doivent vibrer ensemble pour créer l'harmonie comme les six cordes de la guitare vibrent ensemble pour donner des chansons mélodieuses, agréables à l'oreille qui apaisent et charment l'âme. C'est une nécessité naturelle, cosmique, vitale. L'humanité est une très grosse guitare. C'est aussi une très grande famille composée d'une infinité de membres que sont les individus, les ethnies, les tribus, les clans, les nations etc. Cette complexité et cette multitude de peuples habitant la terre font la beauté et la richesse du monde. C'est un bien très précieux. C'est une très grande force capable de tout faire en termes de positivité et de bien si seulement si ces très nombreux peuples peuvent s'unir, s'entendre, être solidaires dans un environnement naturel qui leur est souvent hostile, défavorable. L'union fait toujours la plus grande force qui donne la victoire, le bonheur, la sécurité, la paix, la puissance et le salut à tous et à chacun. L'exemple d'un pays comme les Etats -Unis d'Amérique est très édifiant à cet égard. La fusion de 50 Etats en une fédération faite d'une multiplicité de peuples ou d'ethnies venus de tous les autres pays du monde a constitué la puissance suprême de la terre. C'est le pays le plus développé sur terre. Reprenons notre exemple de la guitare. L'humanité est comparable à la guitare aux six cordes très bien réglées qui donnent les bonnes notes mélodieuses et berçantes. Si les peuples, les individus, les nations, les tribus, les populations formant l'humanité et représentant les six cordes de la guitare ne sont pas réconciliés, unis, solidaires, en bonne entente, en harmonie, s'ils sont en désunion, en dysharmonie, en guerre, en conflit, en mésentente, il n'y a plus d'humanité. Un panier de crabes n'est pas l'humanité comme un groupement humain ou une totalité homogène, cohérente, fonctionnelle. L'humanité a besoin de cohésion, d'unité, d'équilibre, d'harmonie pour pouvoir exister. L'individu n'est rien et n'a rien sans les autres et sans être intégré au groupe, à la société. C'est un être foncièrement social, collectif. Il en est de même pour une nation par rapport au grand Tout ou à l'ensemble qu'est l'humanité. C'est pourquoi nous tissons des alliances, créons des communautés, des fédérations dans le monde. La communion, la concorde, la solidarité garantissent la sécurité, la paix, la prospérité, la réussite, le bonheur, la puissance, la force. Vive la révolution mondiale en marche ! Elle cherche à réaliser l'harmonie au sein de l'humanité désorganisée et en décomposition accélérée. Elle va pacifier le monde et récoler tous les morceaux éparpillés. Les Brics sont l'espoir de l'avenir. Ils permettront de supprimer tous les instruments impérialistes, esclavagistes et colonialistes en faveur de l'harmonie universelle. Le terrible mal qu'est l'occidentalocentrisme disparaîtra. Nous allons inexorablement vers la paix et la renaissance mondiales à travers la révolution mondiale qui prend la forme de la troisième guerre mondiale. L'Occident, faiseur des guerres mondiales, se trouve face à un puissant et redoutable répondant qui pourra le réduire à sa plus simple expression, le civiliser et l'assagir par la force. C'est le G5 ou les Brics. L'Occident est perdant dans ce bras de fer, dans ce rapport de force international. « Le plus fort n'est jamais assez fort pour être toujours le maître s'il ne transforme sa force en droit et l'obéissance en devoir », a dit J. -J. Rousseau. L'Occident doit donc discipliner sa prétendue force, cesser son impérialisme dans le monde. Désormais, aucun pays du tiers-monde et aucune nation du Sud n'accepteront les ordres impérialistes, colonialistes et esclavagistes de l'Occident. Si petits et si faibles que soient les pays africains, ils sont aujourd'hui prêts à se battre contre les puissances nucléaires occidentales pour leur libération, leur dignité, leur souveraineté, leur indépendance, leur auto-détermination. La peur, la lâcheté, l'imbécilité, la trahison et l'antipatriotisme des Africains sont finis. La jeunesse africaine endoctrinée, éveillée, éclairée, conscientisée, mobilisée et lancée dans le combat libérateur et patriotique par les panafricanistes ne cèderont rien aux impérialistes. Cette jeunesse est très motivée par les idéologies et philosophies anti-impérialistes, anti-néo-colonialistes et anti-néo-colonialistes que sont le panafricanisme, l'afrocratisme, l'afrocentrisme, le maâtocratisme, le kémitisme. La révolution en Afrique vise la renaissance africaine. Cela est très profond. Cela va très loin. Il s'agit de refaire l'Afrique. C'est un combat global et général. Il s'agit de supprimer tous les facteurs d'aliénation, de domination, d'asservissement, d'oppression, d'exploitation, de chosification des Africains par les Occidentaux et les Orientaux. Cela vise la transformation totale des systèmes politiques, économiques, sociaux, culturels, civilisationnels. L'Afrique affirme haut et fort qu'elle n'a plus besoin des paradigmes ni des modèles qui lui ont été imposés avec cruauté par les Blancs et les Arabes, par ses bourreaux et ses prédateurs. C'est la fin d'une très longue histoire douloureuse, dégradante, honteuse, humiliante, avilissante, inhumaine et immorale. C'est la fin de la barbarie, de la sauvagerie, du satanisme, des crimes contre l'humanité noire, africaine, kémitique. La reconstruction de l'Afrique commence. La résurrection et la restauration de sa culture, de sa civilisation maâtique, kémitique sont en marche. Des organisations kémitiques, afrocentriques, afrocratiques et panafricanistes sont à pied d'œuvre dans la diaspora et en Afrique. Par une série de coups d'Etat légitimes et salutaires, les soldats africains patriotes prennent de plus en plus le pouvoir et changent le système politique cynique, tyrannique, impérialiste, néo-colonialiste mis en place dans leurs pays par les colonisateurs occidentaux. La maâtocratie et la kémitocratie remplacent la démocratie capitaliste (comédie mafieuse, hypocrite, prédatrice), la république, le jacobinisme, suppriment la charte de l'impérialisme et le pacte colonial françafricains. Les pays comme le Mali du colonel Assimi Goïta, le Burkina Faso du capitaine Ibrahim Traoré, la Guinée du colonel Mamadi Doumbouya, le Niger du général Abdourahamane Tchiani… inaugurent la nouvelle politique africaine à la gloire, au bonheur et au salut de leurs populations intrépides, patriotes, révolutionnaires. La France a perdu l'Afrique. Ses colonies s'émancipent définitivement et totalement. Le sentiment anti-néo-colonialisme et anti-impérialisme français est une réalité perceptive partout en Afrique. C'est indubitable. La France, son armée impérialiste, terroriste et son Président franc-maçon et sataniste, Emmanuel Macron, sont violemment combattus sur le continent africain. Cela s'est soldé au Burkina Faso par un acte de bravoure et d'héroïsme exceptionnels, très symboliques de la part d'un jeune Burkinabè de 13 ans. Il se nomme Alioun Sawadogo. Qu'a-t-il fait ? Il a réussi à abattre un drone militaire français à Kaya, lors d'une manifestation populaire anti-armée française, à l'aide d'un jeu de sa lance-pierre, le 20 novembre 2021. C'est l'apothéose révolutionnaire.

14

La Liberté Pour Tous Les Peuples

Les valeurs sacrées et absolues de justice, de fraternité, d'égalité, de paix, de sécurité, d'harmonie et d'équilibre exigent que tous les peuples et toutes les nations, grands ou petits, puissants ou faibles, soient libres. La liberté est un droit essentiel et inaliénable pour tous. Un peuple qui est sous l'esclavage ou la colonisation doit se battre et tout faire pour se libérer. Il doit réussir à briser ses chaînes physiques, mentales, politiques, économiques, culturelles, spirituelles et se sauver. Pour cela, tous les moyens sont bons et bénis. « La guerre est juste pour qui elle est nécessaire et saintes en sont les armes... », a dit Nicolas Machiavel. Aucune nation n'est a priori supérieure aux autres. Une nation peut être simplement différente des autres nations. Elle n'a pas le droit de soumettre les autres nations à sa volonté. Chaque nation est spéciale et unique en son genre. C'est une très grande honte et un très grand scandale qu'en plein 21e siècle la domination et la prédation coloniales existent sur la terre au mépris de la morale ascétique, du droit positif, de l'humanisme, de la civilisation, des Droits de l'Homme et de la philosophie universaliste. Le rapport de force ou de dominateur à dominé, de maître à esclave doit être maintenant supprimé pour toujours dans le monde. Chaque peuple esclavagisé ou colonisé doit recouvrer sa liberté. La liberté est le droit d'agir ou de ne pas agir (selon le devoir) et de vivre selon sa propre culture et ses propres lois, sans contraintes extérieures. La liberté d'un peuple n'est point le libre arbitre. Elle est limitée. Elle s'arrête là où commence celle des autres peuples. Elle n'a rien de métaphysique. Elle est géopolitique et géostratégique. Elle s'arrache, se protège et se conserve par la puissance militaire, par la guerre. C'est le droit d'exister en toute indépendance politique, culturelle, civilisationnelle et économique. Elle est synonyme de souveraineté, d'auto-détermination, d'autonomie. Un pays est libre quand il est maître de lui-même, maître de son destin, lorsqu'il n'est dans aucune relation de subordination avec l'extérieur, lorsqu'il n'est le vassal d'aucune puissance. Ainsi les pays africains ne sont point libres jusqu'à ce jour. Cela explique et justifie la lutte révolutionnaire actuelle du Mali, du Burkina Faso, de la Guinée Conakry, de la Centrafrique, du Niger, du Gabon.

Comment un pays vassalisé, colonisé, néo-colonisé, par un autre peut-il se libérer ? Comment les pays du Sud ou du tiers-monde qui sont encore dominés, néo-colonisés par les puissances occidentales peuvent-ils obtenir la liberté ? Il est primordial de savoir que la liberté ne se donne jamais à un esclave, à un peuple ou à une colonie sur un plateau doré comme un gâteau. Elle se conquiert par la force, la bravoure, le courage, l'héroïsme, dans une lutte à mort, sans merci. La liberté est le résultat positif de la révolution. Ce n'est point un cadeau fait aux opprimés, aux esclaves, aux colonisés, aux prolétaires par leurs bourreaux qui seraient miraculeusement devenus humains, gentils, condescendants, charitables, altruistes, renonçants hindous. Ces gens sont sans pitié et sans cœur pour leurs victimes. Dans la relation entre les bourreaux et leurs victimes, il n'y a pas d'humanisme, de gentillesse, de compassion, d'altruisme, d'amour du prochain, d'abnégation de la part des premiers. Les colonisateurs, les maîtres esclavagistes sont dans la morale tragique, cynique et aristocratique de Nietzsche (nazisme). Ils sont contre la morale ascétique ou chrétienne enseignée par les prêtres ascétiques. Leurs droits et leurs devoirs se résument par l'injustice, la violence, la cruauté, la barbarie, l'arbitraire, la méchanceté. Eux seuls sont libres car ils sont forts et puissants jusqu'à ce qu'ils soient renversés un jour par des gens plus forts et plus puissants qu'eux. « Le plus fort n'est jamais assez fort pour être toujours le maître s'il ne transforme sa force en droit et l'obéissance en devoir », nous dit J.-J. Rousseau. Les philosophes ascétiques (et non cyniques comme Nietzsche) comme Karl Marx, Lénine, Mao et tant d'autres ont enseigné que la force et la puissance appartiennent aux masses populaires, à l'union des prolétaires. L'appel de Karl Marx (« Prolétaires de tous les pays, unissez-vous ») est très éloquent à ce sujet. Lorsque les peuples opprimés s'unissent, ils constituent une force supérieure susceptible de changer les choses, de transformer le monde unipolaire en un monde multipolaire. C'est la voie choisie par les Brics. Le marxisme-léninisme a fait un grand travail préparatoire pour les Africains et les Brics. C'est un support idéologique très puissant et absolument efficace. Il a réveillé et mobilisé les masses populaires opprimées pour le combat révolutionnaire mondial dont nous sommes les héritiers. Les masses populaires ayant pris conscience de leur force collective et de l'oppression dont elles sont victimes de la part des oligarques capitalistes, elles ont lutté et vaincu leurs bourreaux communs. Lorsque les peuples ont conscience de leurs souffrances, de leurs douleurs, de leurs conditions de vie communes injustes, déplorables, misérables, catastrophiques, ils luttent très dignement et victorieusement. Marx, Hegel, Lénine et autres ont déclenché des révolutions populaires (la dictature du prolétariat internationale) sur tous les continents qui ont abouti à la libération des opprimés, des prolétaires, des masses populaires. Cela a permis de renverser la plupart des régimes liberticides, bourgeois, capitalistes, oligarchiques, ploutocratiques dans le monde. La quête de la liberté passe toujours par la lutte violente, populaire. Le marxisme-léninisme est toujours d'actualité dans le monde unipolaire où nous sommes. Il est la clé de la libération des peuples dominés, opprimés, exploités. C'est l'arme fatale contre la dictature bourgeoise, oligarchique, ploutocratique, l'impérialisme, le colonialisme et le néo-colonialisme occidentaux. Prolétaires, esclaves, colonisés, néo-colonisés, opprimés de tous les pays, réveillez-vous, unissez-vous, battez-vous contre vos ennemis, vos bourreaux, vos oppresseurs, vos dominateurs, vos prédateurs. Libérez-vous, affirmez votre force et votre puissance. Soyez les vainqueurs partout, accélérez la mutation mondiale salvatrice. La révolution mondiale est votre devoir. Elle vous donnera toutes vos chances de vivre dignement, en paix, libres, prospères, heureux, en sécurité. Elle fera respecter tous vos droits humains et sociaux. Ainsi elle vous rendra maîtres de vous-mêmes, responsables de l'humanité et du monder. Elle rendra tous les peuples et toutes les nations vertueux, libres et égaux en droits et en dignité.

Il faut saluer ici le courage et l'action révolutionnaires des pays du tiers-monde comme le Mali, le Burkina Faso, la Guinée Conakry, le Niger, la Centrafrique. Les dirigeants et les peuples de ces pays sont très dignes et très responsables. Ils sont exemplaires. Ils donnent de très grandes leçons patriotiques et panafricanistes. Ils méritent d'être félicités et loués. Ils font la fierté de toute l'Afrique digne. Ils nous honorent. Ils indiquent la voie à suivre à tous les pays africains néo-colonisés par la France, l'Occident. Ils ont ouvert la porte de la décolonisation totale et absolue. Ils ont donné le ton de la libération géopolitique, géo-économique, géoculturelle, géo-civilisationnelle. Les Présidents Assimi Goïta, Ibrahim Traoré, Mamadi Doumbouya, Abdourahamane Tchiani sont à l'honneur. Ils sont nos héros révolutionnaires. D'autres Présidents suivront leur exemplarité dans le monde. Nous souhaitons une très longue vie et plein succès à leur jeune révolution enthousiasmante. Bravo ! Que Dieu, nos ancêtres méritants et tous nos martyrs vous soutiennent, vous protègent et vous bénissent ! En Afrique, la révolution politique et géopolitique consistera dans la réalisation de l'Afrocratisme, de la maâtocratie, de la kémitocratie. Il s'agira de créer les Etats unis d'Afrique, précisément, les Royaumes unis ou les Ethnies unies d'Afrique. Nous devons créer urgemment un gouvernement continental sous la forme d'un gigantesque empire qui enfermera les 55 Etats-nations actuels. Cela supprimera le néo-colonialisme occidental, mettra fin à l'impérialisme sous toutes ses formes en Afrique. Nous serons ainsi réellement décolonisés et indépendants. L'Afrique pourra alors se donner une monnaie unique, fédérale, une armée fédérale, une banque fédérale. En vue de sa sécurité et de sa défense, l'Afrique se fabriquera des armes nucléaires à l'instar des autres pays ou des armes plus puissantes, plus redoutables. Elle en a la matière première (uranium) et la matière grise ou ressources humaines (intellectuels, savants, ingénieurs, techniciens). Cela servira à dissuader les bourreaux, les prédateurs, les bêtes blondes, les oiseaux de proie. Nous allons donc dans le monde multipolaire pour lequel tous les pays doivent se battre à mort. Car chaque peuple a droit à la justice, à l'égalité, à la liberté, à la sécurité, à la paix, au bonheur, au respect, au progrès, au développement, à la prospérité. L'union fédérale et la lutte victorieuse de tous les pays faibles, impuissants et petits rendront chaque nation forte, puissante et libre. Ce sera la fin des duels, des conflits, des tensions, des rapports de force dans le monde. Aucun peuple ne sera plus contrôlé, exploité et pillé par son prochain. L'horizontalité supplantera la verticalité dans les relations internationales. C'est très juste.

15

L'égalité Entre Tous Les Peuples Du Monde

Les peuples sont nés libres et égaux en droits et en dignité. Cette assertion exprime uniquement un idéal ou un rêve et non pas une réalité historique, vivante. En effet, ce monde unipolaire est dominé par les oligarques impérialistes, colonialistes et esclavagistes. Les peuples et les nations faibles sont soumis à la domination et à l'exploitation occidentales. Ils forment un monde à part. Ils constituent le tiers-monde, le Sud, les pays sous-développés. Comme tels, ils n'ont aucun droit, aucune dignité, aucune liberté. Ils sont écrasés, méprisés, humiliés, rabaissés, classés comme pays pauvres, faibles, impuissants, honteux. Ils font plutôt pitié. Ils sont contraints à mendier auprès de leurs prédateurs pour survivre. Ils sont appelés des pays très pauvres et très endettés. Entre un maître et son esclave, il y a une très grande différence. Il n'y a point d'égalité. Entre un bourgeois et un prolétaire, il y a une très grande différence et non point l'égalité. De même entre les oligarques (les bourreaux) et leurs victimes, il n'y a point d'égalité. La France, l'Angleterre, la Belgique, le Portugal, l'Allemagne, l'Espagne etc. ne sont point égaux aux pays africains qu'ils contrôlent et pillent. Les pays africains sont leurs vassaux, leurs propriétés, leurs colonies. Ils leur imposent des façons de vivre, d'agir, de penser, leurs paradigmes leurs cultures (écoles, religions, langues, philosophies, savoirs, techniques). Un pays non indépendant, non souverain, non autonome n'est pas égal à sa métropole. La Côte d'Ivoire n'est pas égale à la France. Les onze « accords » cyniques imposés aux 15 colonies françaises d'Afrique par le Général de Gaulle le prouvent bien. Les colonies ont les mains et les pieds liés. Elles ont la bouche fermée par leurs colonisateurs. Elles ne peuvent rien faire de bon pour elles-mêmes. Elles ne peuvent point se développer ni concurrencer leurs métropoles. Elles servent uniquement les intérêts de leurs métropoles. Elles n'ont pas le droit de décider de leur propre sort, d'inventer leur propre avenir, de refaire leur propre histoire. Leur vie, leurs biens, leurs richesses, leurs ressources naturelles etc. appartiennent à leurs colonisateurs (voir le pacte colonial, la charte de l'impérialisme).

Quelles sont les caractéristiques essentielles d'un pays qui se veut égal aux pays puissants ? Si la Côte d'Ivoire, par exemple, se veut égale à la France, à l'Angleterre, aux USA, à l'Allemagne, à la Belgique, à l'Espagne, au Portugal, à la Chine, à la Russie, au Canada etc., comment doit-elle se comporter vis-à-vis de ces pays ? Tout d'abord, elle doit arracher son indépendance totale par rapport à la France, sa métropole. Elle se doit de se décoloniser absolument. Elle doit conquérir sa souveraineté, son autonomie, son autodétermination. Cela suppose qu'elle rompe les onze accords criminels de de Gaulle et qu'elle combatte victorieusement la charte de l'impérialisme. L'Algérie l'a fait en payant un prix très lourd. C'est au prix d'une guerre atroce contre la France qui lui a coûté un million de morts. Haïti l'a également fait en payant une facture très lourde à la France qui l'a ruiné et déstabilisé (argent, vies humaines). La Corée du Nord l'a fait au prix d'une guerre atroce. Les Etats-Unis d'Amérique ont vaincu l'Angleterre à la guerre pour être indépendants. Le Mali, la Guinée Conakry, le

Burkina Faso, le Niger, la Centrafrique sont présentement dans cette dynamique émancipatrice vis-à-vis de la France. Ils sont en guerre contre le terrorisme, le néo-colonialisme et l'impérialisme gaulois. S'ils gagnent complètement leurs guerres d'indépendance, ils deviendront propriétaires de leurs immenses richesses et ressources naturelles. Ils les vendront librement à qui ils voudront et au prix qu'ils voudront. Ils pourront coopérer sur tous les plans avec tous les pays au monde sans devoir obtenir préalablement la permission de la France. Ils ne seront plus obligés de conserver le français pour leur langue officielle. Ce sera la fin de leur aliénation culturelle, de leur déshumanisation et de leur domination-vassalisation. Ils deviendront très riches, très puissants et développés quantitativement et qualitativement en exploitant et vendant à un prix juste et intéressant leurs matières premières (or, diamant, uranium, pétrole, gaz, manganèse, coltan, cobalt, fer, argent etc. Ils pourront, du coup, s'industrialiser et transformer leurs produits sur leurs sols. Quant à la Côte d'Ivoire, si elle ne rentre pas dans la dynamique révolutionnaire, elle demeurera la colonie française la plus aliénée, la plus exploitée, la plus pillée, la plus dominée, la plus volée et la plus ravagée. Elle ne pourra jamais fixer elle-même le prix de ses produits (cacao, café, pétrole, gaz, or, diamant, manganèse, caoutchouc etc. Elle subira toujours la détérioration des termes de l'échange. Elle ne pourra pas s'industrialiser et concurrencer la France. Elle ne pourra rien transformer sur son sol. Elle restera toujours une colonie qui consomme les produits manufacturés ailleurs, très loin d'elle, notamment en France. Elle sera toujours très pauvre et très endettée. Le français sera toujours sa langue officielle et d'éducation nationale. La France placera indéfiniment ses gouverneurs à la peau noire à sa tête comme Présidents laquais, marionnettes, vassaux, antipatriotes, traîtres. Elle abritera toujours l'armée coloniale française. Elle utilisera toujours le Franc CFA comme sa monnaie nationale. Elle payera toujours, annuellement, son impôt colonial et sa dette coloniale à la France sans jamais pouvoir se plaindre de ces très graves injustices coloniales et de toutes les violences françaises à son égard. La France se servira toujours d'elle comme sa base principale en Afrique pour déstabiliser et agresser les pays africains révolutionnaires. Les guerres et le terrorisme impérialistes, néo-colonialistes français partiront toujours de la Côte d'Ivoire comme quartier général du mal occidental.

Les pays libres, puissants et respectés ont chacun un droit de veto à l'ONU. Ils sont égaux entre eux. Tous les autres sont des pays inférieurs, vassaux, faibles, impuissants, méprisés, dominés. Ils n'ont pas d'importance aux yeux des puissants, des oiseaux de proie et des bêtes blondes. Ils accompagnent et soutiennent leurs maîtres, leurs bourreaux, leurs prédateurs à l'ONU. On a besoin d'eux comme des valets, des marionnettes ou des instruments. Ils peuvent voter, soutenir ou faire la volonté de leurs maîtres impérialistes et colonialistes mais ils n'ont point les mêmes droits qu'eux. Ce sont des membres de seconde zone, des membres indésirables, des intrus. Ils sont rejetés, discriminés. Les lions n'acceptent point l'égalité avec leurs proies, les biches. Lorsque les biches cherchent l'égalité avec les lions, elles s'organisent, solidarisent et forment un groupe très puissant qui met les lions en fuite. Ce groupe impose le respect et la crainte aux lions. Cela donne le droit à la vie aux biches. L'union des faibles est une force redoutable. La solidarité des pays prolétaires triomphe de la méchanceté et de la dictature bourgeoises dans le monde. C'est pourquoi tous les pays faibles et prolétaires (le Sud, le tiers-monde) de la terre doivent solidariser, créer leur ONU, leur OTAN, leur BM, leur FMI à eux pour être plus forts, plus riches et plus puissants sur tous les plans. De cette manière, ils seront respectés, craints et pourront mieux se défendre contre leurs ennemis, leurs bourreaux communs. Les Brics ont compris cette loi de l'égalité. Ils savent lire leur quotidien, la vie, l'histoire, l'univers, la nature. Ils en tirent de gros bénéfices. Avec opiniâtreté, outrecuidance, volontarisme et intrépidité, ils cherchent à désarmer les lions, à les affaiblir, à leur arracher les crocs et les griffes. Les lions sont déjà en difficulté. Ils peuvent mordre et griffer à peine. Ils seront bientôt transformés en agneaux bêlants, disciplinés dans le monde multipolaire en création. Les panafricanistes, les afrocrates, les afrocentristes et les kémites doivent les soutenir et se joindre à eux. Les ennemis de mes ennemis sont mes amis. Tous les pays qui mènent le même combat contre les bourreaux, les oligarques, les francs-maçons, les Illuminati impérialistes, néo-colonialistes et néo-esclavagistes doivent se rencontrer et se mettre ensemble. C'est ensemble et devenus très forts, très puissants, qu'ils gagneront leur combat collectif. La victoire appartiendra au camp le plus soudé, le plus déterminé, le plus combatif, le plus volontariste, le plus rationnel. « Le plus fort n'est jamais assez fort pour être toujours le maître s'il ne transforme sa force en droit et l'obéissance en devoir », dit Rousseau. La force change constamment de camp selon les situations. Elle sert tout le monde. Son propriétaire est le groupe qui a raison, qui est vertueux, humain, civilisé. La force condamne et abandonne les groupes barbares, sauvages, déraisonnables qui ont tort. La sagesse africaine dit que l'univers et Dieu interviennent dans les affaires, les conflits, les litiges, les guerres des hommes. Ils condamnent et punissent les injustes, les fautifs, les méchants. Ils jugent les actions humaines. Ils tranchent en faveur des bons, des justes, des saints, des innocents, des victimes. Ils leur donnent plus de force et plus de puissance pour vaincre les fautifs, les agresseurs, les barbares, les fous, les bourreaux. Tout peuple se croyant plus fort et qui offense injustement les autres tombe nécessairement sous le coup de la loi divine et cosmique. Il rencontre des malheurs qui l'achèvent ou le réduisent à sa plus simple expression. C'est la loi du karma. La force est l'énergie qui défend les bonnes causes, le bien moral, la vertu. Elle combat et détruit son mauvais utilisateur, le méchant, le bourreau. Elle soutient et sauve le bon, le juste, le vertueux, l'honnête. La force est du côté de la morale ascétique, de l'humanisme. Elle appartient aux héros moraux qui sont en harmonie avec les lois cosmiques et divines.

16

La Sécurité Pour Tous Les Peuples Du Monde

Notre monde unipolaire est un monde d'insécurité totale. Alors nous cherchons la sécurité. L'insécurité est causée par l'injustice. En effet, dans un monde injuste, il n'y a pas de droits pour tous les peuples, surtout pour les peuples faibles ou impuissants. Car ces derniers sont soumis, dominés, opprimés, exploités, volés, massacrés par les peuples dominants, forts, puissants, barbares, belliqueux, impérialistes, colonialistes. Ainsi les peuples négriers, nazis, prédateurs se sont réunis en Allemagne en 1884-1885 pour diviser l'Afrique en petits morceaux qui sont leurs colonies. C'est un acte de violence, d'injustice et d'insécurité extrêmes qui a foulé au pied toutes les valeurs morales et humanistes. Cela constitue un mépris absolu et la destruction totale de tous les idéaux ascétiques comme sécurité, paix, égalité, liberté, dignité, bonheur, fraternité, harmonie, équilibre, solidarité, amour du prochain, compassion, empathie, unité avec la nature et l'univers. Ainsi les puissances occidentales formant le monde unipolaire, c'est-à-dire le monde dirigé uniquement par les oligarques capitalistes, les prédateurs, les méchants, les maîtres esclavagistes et les colonialistes ont empoisonné les rapports entre les hommes, entre les nations et entre les peuples. Ces puissances occidentales mènent des actions dangereuses, nuisibles contre les peuples, la nature et l'univers. Elles ont mis le monde entier en insécurité. Elles pratiquent la terreur et la violence la plus ignoble partout. Elles provoquent des séismes, des guerres, le réchauffement climatique etc. Ainsi l'humanité a perdu la sécurité qui est une valeur politique, géopolitique, géostratégique, économique et géo-économique, sociale, morale, cosmique, naturelle. Le mal a supplanté la sécurité. Les risques et les dangers sont omniprésents. Le monde va à vau-l'eau. Que faire ? Comment rétablir la sécurité sur la terre ? Il faut créer les conditions de la sécurité pour tous les peuples du monde. Quelles sont ces conditions ? Tous les peuples victimes de l'insécurité doivent se réveiller, s'unir et s'entendre pour lutter ensemble contre les causes et les fauteurs de l'insécurité. Ils ne doivent point demeurer inconscients, passifs, irresponsables. Ils doivent éviter la lâcheté, l'indifférence, le masochisme et le complexe de Stockholm. Ils doivent décider de supprimer les causes de l'insécurité et de ramener les fauteurs d'insécurité à l'ordre et à la raison par la force. Ils doivent chercher à détruire tous les facteurs d'insécurité et à éduquer, à transformer les démons en anges. Il faut corriger, transformer les méchants, les malfaiteurs, les bourreaux en bienfaiteurs ou en saints dans la mesure du possible. Il faut mener des actions vigoureuses, sans complaisance, pour combattre l'insécurité qui ne cesse de grandir sur notre planète. Le sang humain a trop coulé dans le monde. Il faut que cela cesse maintenant. L'humanité a trop souffert de la malfaisance, de la méchanceté, de la nuisance des négriers, des nazis, des oligarques, des ploutocrates, des bourgeois capitalistes, des eugénistes, des transhumanistes, des mondialistes, des satanistes, des covidistes, des vaccinistes. Toutes leurs victimes doivent désormais quitter leur lâcheté, leur faiblesse, leur imbécilité, leur myopie, leur hypocrisie, leur complicité avec leurs bourreaux. Il faut entamer une lutte générale, globale, mondiale pour éradiquer l'insécurité faite de tous les maux dont nous souffrons : misère, pauvreté, famine, maladie, génocide planétaire, chômage, terreur, cruauté, sadisme, dictature des satanistes, des francs-maçons, des criminels, pandémies (covid-19, Ebola, SIDA), LGBT, pédophilie, violences, guerres, prédations, mensonges, esclavage, néo-colonialisme etc.

Toutes les actions devant être menées se résument dans le concept de révolution mondiale. Cette révolution mondiale apportera la renaissance mondiale. Cela va sauver l'humanité, la civilisation, détruire, supprimer les us et coutumes barbares, sauvages, sataniques des oligarques capitalistes cyniques et sadiques. Cela va préserver les droits de tous et de chacun à la vie, à l'existence normale, naturelle, cosmique. Nous devons revenir à la civilisation maâtique, cultiver les vertus ascétiques des kémites, de nos ancêtres, fondateurs des valeurs et de l'humanisme salutaires. La maâtocratie doit triompher de la démocratie bourgeoise, capitaliste, système égoïste, individualiste, source du mal, de la barbarie et de tous les crimes actuels. Il faut abandonner tous les systèmes de gouvernance basés sur l'hypocrisie, l'illusion, le mensonge, la tricherie, la malhonnêteté, l'occidentalocentrisme, l'impérialisme et la prédation. Il faut combattre toute velléité de transformer le monde en enfer, de supprimer la vie naturelle, traditionnelle, normale et la civilisation maâtique (basée sur la solidarité, la vérité, la justice, la fraternité, l'harmonie, l'équilibre, la droiture).

Pour ce faire, la création d'un nouveau monde, d'un monde multipolaire, est nécessaire. Cela est de bon aloi. Il faut conduire l'humanité à sa réconciliation autour des valeurs et des idéaux indispensables. Il s'agit de libérer toutes les nations de la domination et de la dictature sataniques, oligarchiques, franc-maçonniques. Il faut rendre tous les pays et tous les peuples indépendants, souverains, autonomes. La justice et la sécurité commencent par là et reposent absolument sur ces valeurs. Chaque peuple a le droit et le devoir de se gouverner lui-même selon sa propre tradition, ses us et coutumes, sa sagesse. Il ne doit point être gouverné, comme un bébé, par un autre peuple et vivre selon la culture, la vision du monde, de la vie et les valeurs de ce dernier. Pas d'aliénation d'autrui. Pas d'occupation militaire d'autrui. Pas de spoliation, d'expropriation, de pillage, d'esclavagisation, de colonisation d'autrui. Pas de chosification, de vol, de brigandage, d'extermination d'autrui. La liberté est donc désormais à tous. La dignité et la liberté sont donc désormais à tous les peuples. L'égalité est ainsi établie entre tous les peuples. C'est la fin du mal dans le monde. La plus grande famille qu'est l'humanité doit être indivisible. Elle doit rester plus unie que jamais. Ainsi c'est la paix totale, la sécurité parfaite et le bonheur pour tous et pour chacun.

17

La Prospérité Pour Tous Les Peuples Du Monde

La prospérité est une très grande valeur. C'est un bien inestimable. C'est le rêve de tout le monde. Mais les pays du Sud, du tiers-monde, n'ont pas droit à ça., Seul l'Occident, le Nord, le G7, jouissent de la prospérité. C'est leur monopole, leur privilège exclusif. Qu'est-ce que les pays faibles, non-prospères, sous-développés, néo-colonisés, dominés doivent faire pour être prospères ? La prospérité est opposée à la misère, à la pauvreté, à la souffrance, au malheur, à l'indigence, à la maladie. Un pays prospère ignore ces défauts et ces maux qui caractérisent les pays du Sud, du tiers-monde, en particulier, les pays africains. La prospérité est un état d'abondance, de richesse, de réussite, de bonheur, d'aisance d'un pays. Dans le monde unipolaire actuel, la prospérité est l'attribut des pays dominants, c'est-à-dire les pays du G7 ou les pays prédateurs, impérialistes qui affaiblissent, paupérisent, exploitent, pillent les pays du Sud, du tiers-monde. Les pays développés et prospères empêchent les autres d'être développés et prospères. Ils sont riches et puissants parce qu'ils pillent, volent les biens, les ressources naturelles et minières des pays qu'ils dominent, colonisent et esclavagisent. Ils sont des conquérants, des envahisseurs, des brigands, des pillards. C'est donc logique qu'ils soient prospères. Les bourreaux, les brigands, les voleurs et les terroristes sont toujours, par définition, riches et non pas leurs victimes. Les victimes sont plutôt plumées, expropriées, spoliées, rendues mendiantes. Elles négocient et supplient, à genoux, leurs bourreaux et leurs prédateurs de leur restituer un peu de leurs biens et de leurs ressources volés, confisqués injustement. La France confisque, vend et prête l'argent des pays africains à ces mêmes pays africains avec intérêt à un taux commercial. Quel cynisme ! La France vit cyniquement, en parasite éhonté, sur le dos des Africains avec orgueil, arrogance, paternalisme, insolence, sans vergogne. Elle est très fière de son parasitisme impérialiste et néo-colonialiste. Ainsi elle est encore, jusqu'à ce jour, propriétaire exclusive, très jalouse, gourmande et égoïste de 15 pays africains et de tous leurs biens précieux (or, diamant, uranium, cobalt, Coltrane, pétrole, gaz, manganèse, cuivre, fer, produits agricoles etc.). La France fait la guerre impérialiste et néo-colonialiste à des pays africains qui tentent de lui résister ou de coopérer avec d'autres pays comme la Russie, la Chine etc. Elle a mis ses troupes militaires dans toutes ses colonies pour protéger ses intérêts malhonnêtes par la guerre et le terrorisme. Ainsi le cas du Mali, du Burkina Faso, du Niger, de la Guinée Conakry, du Tchad, du Niger, du Gabon, de la Centrafrique, de la RDC, du Congo, de la Côte d'Ivoire, du Togo, du Benin, du Cameroun, du Sénégal…La France leur a imposé une monnaie nazie appelée le Franc des colonies françaises d'Afrique (FCFA). C'est par ce moyen qu'elle vole, pille leur économie, leurs réserves financières déposées dans sa banque. La France a tué tous les Présidents africains qui ont essayé de combattre cette injustice, cet arbitraire, cette politique prédatrice, colonialiste et impérialiste.

Quelles sont les conditions de la prospérité pour les pays du tiers-monde ? Etant sous la domination tyrannique, prédatrice, impérialiste et dans le monde unipolaire, ces pays affaiblis, ruinés, sont impuissants et incapables de prospérer, de se développer économiquement, industriellement. Toutes les clés du progrès, de la prospérité sont confisquées par les dominateurs, les prédateurs impénitents. Ces derniers sont très hostiles puisqu'ils veulent demeurer éternellement les seuls maîtres du monde, les seuls pays puissants de la terre. L'initiative présente des Brics est la bienvenue et salvatrice. Il faut former un bloc de combat et de résistance victorieux contre le G7. Il faut engager une lutte politique, économique et financière sans merci contre le G7 pour aboutir à la création du monde multipolaire. Il faut détruire le monde satanique et unipolaire des oligarques et des ploutocrates capitalistes, francs-maçons. Dans une union sacrée et avec courage, intrépidité et bravoure, les petits pays et toutes les victimes des oligarques et du G7 peuvent triompher. La solidarité des faibles et des petits pays est une très grande force et une très grande puissance victorieuse dans le rapport de force, dans le panier de crabes. Les Brics doivent s'élargir jusqu'à prendre tous les pays du tiers-monde afin de les libérer et de les développer. La libération précède le développement, la renaissance, la puissance, la gloire et le salut. La libération est une condition sine qua non, une condition primordiale. La philosophie et la sagesse maâtiques pourront faire le reste. Aucun pays faible ne pourra jamais se développer, prospérer en étant sous la domination infernale du G7. Ensemble, les fourmis sont très fortes, très puissantes. Elles sont irrésistibles et très redoutables. Elles tuent facilement un éléphant et un lion en envahissant leurs corps, en s'introduisant massivement dans leurs narines, dans leurs oreilles, dans leurs yeux, dans leurs gorges etc. Ensemble, les termites bâtissent facilement leurs châteaux ou leurs pyramides. L'union fait toujours la force, la victoire, le succès, le bonheur, la prospérité.

Dans la servitude, un peuple isolé, solitaire, ne peut rien faire pour son bonheur. Il ne peut pas se sauver, se défendre, se libérer, se développer. Il n'a aucun avenir. Mais lorsqu'il s'allie à d'autres peuples qui sont dans sa situation, il devient très fort. Sa force est multipliée à l'infini et il peut tout faire. Il arrache des victoires à son bourreau, à son oppresseur. C'est cette loi, enseignée par Karl Marx, qui a sauvé les prolétaires de l'oppression, de l'exploitation et de la dictature bourgeoise dans le système capitaliste. « Prolétaires de tous les pays, unissez-vous », a dit Karl Marx. Ce conseil a été entendu, appliqué et les prolétaires ont changé le monde à leur avantage. On a pu passer du capitalisme au socialisme ou au communisme selon les cas, les pays, les continents. La révolution qui sauve un peuple est toujours le fruit de la solidarité, de l'union et du combat commun à tous ceux qui subissent ensemble l'injustice, la méchanceté, la frustration, l'arbitraire. L'union et la solidarité pour le combat révolutionnaire sont les devoirs sacrés et régaliens de tous les mécontents, de tous les malheureux, de tous les révoltés, de toutes les victimes du système oligarchique, capitaliste, impérialiste, esclavagiste, colonialiste. Cela permet de revendiquer et d'obtenir son droit légitime à la vie, à la liberté, à la dignité, au bonheur, à la sécurité, à la prospérité, à la justice, au progrès, au développement, à la paix. Toutes les puissances ou les grandes nations de ce monde ont dû utiliser la loi de l'union- solidarité pour pouvoir vivre et prospérer. Cette loi rétablit l'ordre juste, répare les torts, l'injustice, crée l'harmonie, l'équilibre dans le monde, dans la vie nationale et internationale. L'unité est la loi primordiale. Au commencement était l'unité. C'est le fondement de la révolution, le moteur de l'histoire et du progrès individuel et collectif. Les Brics ont compris l'importance de l'unité et ils l'exploitent pour atteindre leurs objectifs communs de prospérité, de sécurité, de puissance, de paix, de bonheur, de salut. C'est très louable.

Conclusion

Ce livre décrit le monde. Il le présente tel qu'il est, tel qu'il sera et tel qu'il doit être. C'est notre compréhension du monde et de la vie actuels et aussi notre projection sur le futur (futurologie). Nous accompagnons et guidons l'humanité dans sa marche historique vers un nouveau destin. Cette marche est ce que nous appelons la révolution et la renaissance mondiales. C'est un phénomène naturel qui fait partie de la dynamique universelle, cosmique. L'univers est constitué d'énergie en vibration permanente qui fait que tout change d'état, que tout se dégrade, se transforme en son contraire. Cela fait que tout est en mouvement, en devenir, indépendamment de la volonté et de la raison humaines. Cela fait que l'on vit puis l'on meurt. Cela explique l'évolution et le cycle éternel constitué par la naissance, la croissance, la mort. C'est l'histoire. Ainsi les nations naissent, se développent et disparaissent. L'homme est impliqué dans l'histoire. Il est un agent de l'histoire. Il pose des actes, transforme son environnement, invente des choses et son avenir. Il est actif. Ainsi il est responsable du devenir du monde et de sa vie, de son bonheur et de son malheur. Il contribue considérablement à la dégradation de l'univers, de la nature, de la terre qu'il habite. Il scie la branche d'arbre sur laquelle il est assis. Quelque fois il nuit à sa propre vie. Il l'empoisonne, la détruit en agressant l'univers, la nature, la terre. Ses actions militaires, technologiques, politiques, géostratégiques, géopolitiques, économiques et autres ne sont pas sans conséquences catastrophiques. Les conflits, les guerres, les violences sont les causes de la dégradation de l'environnement naturel. L'exploitation à outrance des ressources minières, naturelles, cause beaucoup de souffrances et de malheurs à l'humanité. Cela aboutit au changement de l'ordre mondial, au désordre, à des cataclysmes (tremblements de terre, réchauffement climatique, disparition des espèces animales, végétales, pollution de l'aire et de l'atmosphère…).

Le plus grave de tout ça est le fait que les peuples et les nations entretiennent des rapports de force et qu'ils transforment la terre en un grand panier de crabes, en un champ de combat permanent. Ainsi des divisions et des blocs ennemis, belliqueux sont nés. Ils sont appelés G7, Brics, Nord, Sud, OTAN etc. Leur belligérance, les guerres froides, les guerres mondiales, les guerres de libération et d'indépendance nous entraînent à la révolution et à la renaissance mondiales. Nous avons recensé les causes principales de cette révolution mondiale : injustice, méchanceté, violence, arbitraire, désordre. La révolution mondiale est l'effet ou la conséquence directe de tous les duels qui opposent les deux grands camps, à savoir le G7 et les Brics dans un monde unipolaire. Cela nous conduit vers un monde idéal qu'est le monde multipolaire. Ce monde de rêve va engendrer beaucoup d'enfants adorables, magnifiques, qui sauveront l'humanité, la civilisation, l'environnement naturel, cosmique. Il s'agit des valeurs sublimes telles la justice, la fraternité, l'harmonie, la liberté, l'égalité, la sécurité et la prospérité. Ces idéaux maâtiques, ascétiques, encouragent tous les hommes et tous les peuples intelligents, raisonnables et responsables à s'engager résolument et à fond dans la lutte révolutionnaire planétaire. Tous les peuples justes et honnêtes qui sont épris de paix et de bonheur dans le monde se sentent très concernés par la révolution mondiale. Ils y ont adhéré spontanément. C'est leur combat légitime, régalien et salutaire. C'est leur sacré devoir.

La philosophie de la révolution et de la renaissance mondiales est donc l'école qui rassemble et forme les combattants de la paix, de la liberté, de la sécurité, du bonheur, de la justice, du progrès, de la prospérité, de l'égalité, de l'harmonie, de la fraternité. C'est une idéologie de mobilisation, de conscientisation et d'engagement à la lutte humanitaire et civilisatrice. Elle enseigne aux humains, aux peuples et aux nations leurs devoirs sacrés envers l'univers, la nature, la vie, le monde. C'est un humanisme, un naturalisme, un vitalisme, un universalisme, un moralisme. La philosophie de la révolution et de la renaissance mondiales transforme tous les peuples en soldats des valeurs. Elle les envoie tous en guerre pour défendre, sauver le bonheur universel et la patrie commune qu'est la terre. Elle fait de toutes les nations les bases et les foyers de réflexion sur l'avenir du monde et de la vie. Elle fait de tous les humains des guerriers défenseurs de la civilisation considérée comme la fin suprême et la valeur absolue. Elle donne à la révolution toutes ses lettres de noblesse. Elle veut transformer le panier de crabes dans lequel vivent tous les humains, tous les peuples et toutes les nations en humanité civilisée, soumise aux lois de la Maât et à la sagesse kémitique. Elle s'adresse surtout au G7, à l'ONU et à l'OTAN et elle les met en garde contre leur caractère belliqueux, impérialiste, satanique, colonialiste qui nuit totalement à la paix, à la solidarité, à la sécurité, à la fraternité universelle, au bonheur, à la prospérité et au salut de tous. Cela est contre l'équilibre et l'harmonie cosmiques et naturels. C'est la source de tous les dangers, de tous les maux et de toutes les souffrances sur la terre. L'homme a le choix entre le Bien et le Mal, entre l'amour et la haine, entre le beau et le laid, entre la civilisation et la barbarie, entre la gloire et la honte. Choisissons les vertus de bien, d'amour, de beau, de civilisation, de gloire. L'homme est perfectible. Un peuple est perfectible. Une nation est perfectible. Vivement le changement et l'amélioration de la mentalité et des comportements des Occidentaux pour un avenir meilleur et salutaire de l'humanité, de la vie et du monde ! Le philosophe Roger Garaudy a dit : « L'Occident est un accident ». C'est tant mieux. L'Occident n'est donc pas une essence, une ipséité, une quiddité, une substance. C'est un épiphénomène ou un phénomène et non pas un noumène (voir le philosophe Emmanuel Kant).

Résumé Du Livre

Ce livre contient une pensée profonde qui vise à sauver la vie, l'humanité, la civilisation, la nature et l'univers. C'est une pensée pour soutenir, éclairer, orienter la révolution et la renaissance mondiales. Son but est l'amélioration du monde.

Biographie De L'auteur

Dr François Adja Assemien est né le 15 mars 1954 en Côte d'Ivoire. Il a étudié les lettres classiques (latin et grec), les sciences humaines et la philosophie. Diplômé en philosophie (Doctorat d'Etat) et en sociologie (Licence), il s'est consacré à l'enseignement de la philosophie à l'université, à l'écriture et à la recherche académique. Il parle et écrit trois langues vivantes que sont le français, l'anglais et l'allemand.

Il est auteur de plusieurs ouvrages publiés en Europe et en Amérique (romans, essais, contes, pièces théâtrales) et de plusieurs concepts tels l'Afrocratisme, la Conscience Africaine, la Philocure, la Sidarologie, la Paysanocratie, l'ethnocratie, le covidisme, le vaccinisme… Il est également artiste musicien, compositeur, chanteur et guitariste. Il vit aux Etats-Unis d'Amérique.